TOUR DE CUISINE

TOUR DE CUISINE

Lieblingsrezepte der besten Radprofis

SUPPEN & VORSPEISEN

20 Samuel Sánchez Gonzáles
Bohneneintopf mit Chorizo

24 Bartosz Huzarski
Borschtsch – Rote-Bete-Eintopf

26 Mathias Frank
Suppe mit Leber- und Brätnockerln

30 Przemyslaw Niemiec
Kalte Paprikasuppe mit Fenchel

32 Peter Stetina
Chicken-Sandwich

36 Martin Elmiger
Nüsslisalat mit Kartoffel-Speck-Dressing

38 Reto Hollenstein
Chicoréesalat mit geräucherter Entenbrust

42 Adam Hansen
Endiviensalat

VEGETARISCH

46 Tiago Machado
Grünkohlsuppe aus Portugal

50 Robert Wagner
Kartoffelpuffer

52 Peter Velits
Käsespätzle

56 Martin Velits
Käsesoufflé

58 Johannes Fröhlinger
Underground-Curry

62 Sylwester Szmyd
Reisnudeln mit gebratenem Gemüse

66 Taylor Phinney
Wok-Gemüse

PASTA & CO.

70 Greg van Avermaet
Orecchiette mit Pesto

74 Manuel Quinziato
Spaghettini mit Tomatensauce

76 Cadel Evans
Gorgonzola-Ravioli mit Marillenchutney

80 Filippo Pozzato
Frittata mit Spinat, Kartoffeln und Tomaten

84 Marcel Kittel
Lasagne al forno

86 Tony Martin
Pizza mit Tomatensugo

90 Ivan Basso
Safranrisotto mit grünem Spargel

94 Joaquim Oliver Rodríguez
Paella valenciana

96 Björn Thurau
Kartoffelsalat mit Trüffelöl

100 Dominik Nerz
Bratkartoffeln

FISCH & MEERESFRÜCHTE

104 Stefan Denifl
Saibling mit Schwarzwurzeln

108 Laurens ten Dam
Knurrhahn vom Grill mit Kräuterbutter

110 Simon Geschke
Forelle Müllerin

114 Matteo Trentin
Scholle mit Speckkartoffeln

116 Jürgen Roelandts
Fischcurry

120 Rafal Majka
Panierter Fisch mit Kartoffelsalat

124 André Greipel
Garnelen mit grünen Tagliatelle und Spargel

126 Giovanni Visconti
Garnelen auf Salat mit Balsamico-Estragon-Vinaigrette

130 Thomas Lövkvist
Muscheln im Kräutersud

FLEISCH & GEFLÜGEL

134 Leopold König
Zitronenschnitzel

138 Bernhard Eisel
Wiener Schnitzel

140 Riccardo Zoidl
Schweinebraten mit Blaukraut

144 John Degenkolb
Rinderrouladen

148 Marcus Burghardt
Hamburger Spicy

150 Alexander Kristoff
Steinpilzkrüstchen mit Rinderfilet

154 George Hincapie
T-Bone-Steak vom Grill

156 Robert Gesink
Roastbeef mit Wok-Gemüse

160 Sam Bennett
Tandoori-Hähnchen

164 Jens Voigt
Moussaka

166 Fabian Wegmann
Feines Rehragout

170 Jan Bárta
Hasenrücken

DESSERTS

174 Andreas Schillinger
Panna cotta mit Zwetschgen und Vanillesauce

178 Phil Bauhaus
Arme Ritter

182 Peter Sagan
Topinambur-Pfannkuchen

184 Zdeněk Štybar
Zwetschgenknödel

188 Michal Golaś
Kaiserschmarrn

190 Daniel Schorn
Vanillecreme mit Himbeeren

194 Matthias Brändle
Cheesecake mit Erdbeergranité

198 Fahrerverzeichnis
200 Impressum

VORWORT

„Was essen Radsportprofis eigentlich am liebsten?" Diese Frage wurde von unseren Mitarbeitern, Handelspartnern, Kunden und aus der Sportwelt an uns herangetragen, nachdem sich BORA mit einem eigenen Pro Continental Team – BORA Argon 18 – in der Welt des internationalen Radsports engagiert. Unsere Begeisterung für die schönste Sportart der Welt ließ bei uns die Idee entstehen, ein eigenes Kochbuch mit einer Sammlung der Lieblingsgerichte dieser Profisportler zusammenzustellen. Nicht nur, weil BORA als Hersteller von Kochfeldern und Kochfeldabzügen international aktiv ist, haben wir über den Tellerrand unseres eigenen Teams hinausgeschaut. Wir haben einige der besten Radsportler quer über den Globus gebeten, uns ihre Rezepte zu verraten – und sie ließen uns in ihre Töpfe schauen!

Es ist uns eine Herzensangelegenheit, Sie hinter die Kulissen der internationalen Radsportwelt blicken zu lassen und Ihnen unsere eigene Begeisterung zu vermitteln. Dafür haben wir unsere Idee in die Tat umgesetzt, den Radlern ein engagiertes Team aus Koch, Stylist und Fotograf an die Seite gestellt, und nun liegen vor Ihnen Ausflüge in die Welt des Genusses, die Welt von BORA und die Welt des Radsports: 200 Seiten voller Rezepte, die insgesamt 53 Sportler, allesamt Charaktere mit unterschiedlichen Lebensläufen aus zwölf Ländern, für Sie und uns zusammengetragen haben. Entsprungen persönlicher Vorlieben und Kocherlebnissen und der Überzeugung, dass nach harter körperlicher Anstrengung auch die Belohnung am Esstisch nicht zu kurz kommen darf.

Nach einem Tag voller Disziplin, Herausforderung, Geschwindigkeit und Leistung lebt der Teamgedanke beim gemeinsamen Abendmahl noch einmal auf, sei es bei einer einfachen Brotzeit oder beim Gourmet-Schmaus. Genau das wollen wir mit unserem Buch spürbar machen, und wir hoffen, das erleben Sie auch beim Blättern und Nachkochen. Wir wollen Sie in unsere Welt entführen. Lassen Sie sich von unserer Begeisterung anstecken!

Mit herzlichen Grüßen

Willi Bruckbauer
Gründer und Inhaber BORA Cooking Systems

Willi Bruckbauer (ganz rechts) nach absolvierter Rennstrecke und vor dem gemeinsamen Kochen mit seinem Freizeit-Radteam auf der Terrasse bei BORA in Raubling. Die Identifikation mit dem Radsport geht bis zu eigens für BORA produzierten Rädern, mit denen auch die Mitarbeiter fahren.

Nach dem gemeinsamen Weißbier folgt, frisch geduscht und umgezogen, mit großer Vorfreude und sichtlichem Vergnügen das Vorbereiten und Kochen.

Die Aussicht auf Garnelen, Wok-Gemüse und Steak locken die Kochkünste hervor. „Indoor-Grillen" hat nämlich einen hohen Spaßfaktor. Der BORA Tepan Grill bietet Platz für acht Kilo Fleisch oder Fisch – damit wird ein Radsportteam zügig versorgt.

Wunderbar saftig und zart kommt das Roastbeef vom Tepan Grill. Das gemeinsame Essen ist nach der Anstrengung ein wahrer Genuss.

Zum BORA-Menü gehört Kaiserschmarrn als Abschluss des gemeinsamen Kochens. Vor der Bergkulisse mundet dieser besonders gut – und ruft bei allen Beteiligten einhellige Begeisterung hervor.

SUPPEN & VORSPEISEN

BOHNENEINTOPF
mit Chorizo

ZUTATEN

400 g getrocknete weiße Riesenbohnen, 1 Lorbeerblatt, 100 g durchwachsener Räucherspeck,
1 Zwiebel, 2–3 Knoblauchzehen, 2 Möhren, 2 Stangen Staudensellerie,
1 grüne Paprikaschote, 3 EL Olivenöl, Salz, 200 g Chorizo (scharfe Paprikawurst),
frisch gemahlener Pfeffer, 1–2 TL scharfes Paprikapulver, 1–2 kleine frische Zweige Rosmarin

ZUBEREITUNGSZEIT

ca. 1 Std. 45 Min., Einweichzeit 12 Std.

1. Bohnen bereits am Vorabend in kaltem Wasser einweichen. Am nächsten Tag die Bohnen in ein Sieb abgießen und mit 1 l Wasser und dem Lorbeerblatt in einen Topf geben. Einmal aufkochen lassen und bei schwacher Hitze in ca. 1 Std. weich kochen.

2. Anschließend das Lorbeerblatt entfernen. Die Hälfte der Bohnen mit einer Schaumkelle herausheben und beiseitelegen, die restlichen Bohnen im Topf mitsamt der Kochflüssigkeit pürieren. Durch ein Sieb in einen zweiten Topf passieren.

3. Speck in feine Streifen schneiden. Zwiebel schälen und in Streifen schneiden. Knoblauch schälen und fein würfeln. Möhren schälen und in Scheiben schneiden. Staudensellerie putzen, waschen und ebenfalls in Scheiben schneiden. Paprika waschen, halbieren, Samen und Trennwände entfernen. Fruchtfleisch in schmale Streifen schneiden.

4. 2 EL Öl in einem großen Topf erhitzen, die Speckstreifen darin knusprig anbraten. Zwiebel, Knoblauch, Möhren, Staudensellerie und Paprika hinzugeben und 2 Minuten mitbraten. Die pürierten Bohnen, die ganzen Bohnen und ½ TL Salz hinzufügen. Alles einmal aufkochen und bei schwacher Hitze ca. 20 Minuten sanft kochen lassen, dabei gelegentlich umrühren.

5. Inzwischen die Chorizo in Scheiben schneiden und im restlichen Öl von beiden Seiten kurz anbraten. Den Eintopf mit Salz, Pfeffer und Paprikapulver abschmecken. Die Wurstscheiben mitsamt dem Bratfett zum Eintopf geben.

6. Zum Anrichten den Eintopf in Suppenteller füllen. Rosmarin waschen und trocknen. Jede Portion mit gehackten Rosmarinnadeln garnieren.

> „Dieser asturische Eintopf ist in Spanien berühmt. Dazu trinkt man Apfelwein."
>
> SAMUEL SÁNCHEZ GONZÁLES

← Lieblingsgericht: Bohneneintopf mit Chorizo (S. 20)

SAMUEL SÁNCHEZ GONZÁLES

GEBOREN: 5. Februar 1978 in Oviedo, Spanien

AKTUELLES TEAM: BMC Racing Team

GRÖSSTE ERFOLGE: Sieg im Straßenrennen der Olympischen Spiele in Peking (2008), dort gewann er auf einem bergigen Rundkurs den Sprint einer sechsköpfigen Spitzengruppe; eine Etappe Baskenland-Rundfahrt 2010; zwei Etappen und Gesamtsieger Burgos-Rundfahrt 2010; Gesamtsieger und zwei Etappen Baskenland-Rundfahrt 2012; eine Etappe Critérium du Dauphiné 2013

BESONDERHEIT: einer der besten Abfahrer im Straßenrennsport

BARTOSZ HUZARSKI

GEBOREN: 27. Oktober 1980 in Świdnica, Polen

AKTUELLES TEAM: Team NetApp-Endura

ANFÄNGE IM RADRENNSPORT: In der sechsten Schulklasse startete Huzarski mit dem Radfahren. 2002 begann er seine Karriere bei dem polnischen Radsport-Team Mróz.

GRÖSSTE ERFOLGE: Zweifacher Sieg in Folge bei der Bergwertung der Polen-Rundfahrt; Mannschaftszeitfahren Settimana Internazionale 2012; eine Etappe Course de la Solidarité Olympique 2012

→ **Lieblingsgericht: Borschtsch (S. 24)**

BORSCHTSCH
Rote-Bete-Eintopf

ZUTATEN FÜR 4–6 PERSONEN

500 g Rinderbrust, Salz, frisch gemahlener Pfeffer, 1 Zwiebel, 400 g Rote Beten, 200 g Tomaten, 20 g Butter, 2 EL Rotweinessig, 1 TL Zucker, 400 ml Fleischfond, 250 g Weißkohl, 100 g Kochschinken, 4 Stängel Petersilie, 1 Lorbeerblatt, 4–6 EL saure Sahne, Dill zum Garnieren

ZUBEREITUNGSZEIT

ca. 1 Std. 40 Min.

1. Die Rinderbrust in einen großen Topf legen, mit Salz und Pfeffer bestreuen und mit Wasser bedecken. Das Wasser aufkochen lassen und das Fleisch bei schwacher Hitze etwa 40 Minuten garen. Anschließend aus der Brühe nehmen, etwas abkühlen lassen und in etwa 1 cm große Würfel schneiden.

2. Zwiebel schälen und fein würfeln. Rote Beten schälen (am besten mit Einmalhandschuhen); in Scheiben, dann in 3 mm dicke Streifen schneiden.

3. Die Tomaten blanchieren, dann häuten. In Viertel schneiden, von Stielansätzen und Samen befreien und in kleine Würfel schneiden.

4. In einem großen Topf die Butter erhitzen. Die Zwiebelwürfel darin unter Rühren glasig dünsten. Rote-Bete-Streifen, Tomatenwürfel, Essig, Zucker, Salz und 125 ml Fond hinzufügen. Zugedeckt bei schwacher Hitze etwa 30 Minuten köcheln lassen.

5. In der Zwischenzeit den Weißkohl putzen und die Blätter in Streifen schneiden, die dicken Rippen dabei entfernen. Den Schinken in etwa 1 cm große Würfel schneiden.

6. Den restlichen Fond und 600 ml Brühe mit den Weißkohlstreifen aufkochen lassen. Das Ganze mit etwas Salz würzen. Schinken- und Rindfleischwürfel sowie Petersilienstängel und Lorbeerblatt in die Suppe geben.

7. Die Suppe zugedeckt etwa 20 Minuten bei schwacher Hitze köcheln lassen, dann die Rote-Bete-Mischung dazugeben und darunterziehen. Alle Petersilienstängel und das Lorbeerblatt aus der Suppe entfernen.

8. Die Suppe mit Pfeffer und eventuell mit etwas Zucker abschmecken. Borschtsch in Suppentellern anrichten. Jede Portion mit 1 EL saurer Sahne und einigen Dillzweigen garnieren.

„Borschtsch weckt bei mir Kindheitserinnerungen."

BARTOSZ HUZARSKI

SUPPE
mit Leber- und Brätnockerln

ZUTATEN
Für die Lebernockerl
2 Brötchen vom Vortag, 1 kleine Zwiebel, 1–2 EL Butter, ½ Knoblauchzehe,
Salz, 2 Zweige Majoran, 100 g Kalbsleber (von Häuten und Adern befreit),
2 Eigelbe, Semmelbrösel, Majoranblättchen zum Garnieren
Für die Brätnockerl
1–2 EL Butter, 1 Ei, 175 g Kalbsbrät, 100 g Sahne, frisch geriebene Muskatnuss,
1 Msp. abgeriebene Schale von 1 Bio-Zitrone, frisch gemahlener weißer Pfeffer,
1 TL fein gehackte Petersilie, ca. 800 ml Rinder- oder Geflügelbrühe, Schnittlauchröllchen

ZUBEREITUNGSZEIT
ca. 50 Min. bzw. 1 Std.

1. Für die Lebernockerl Brötchen in warmem Wasser einweichen und sehr gut ausdrücken. Die Zwiebel fein würfeln. Butter in einer Pfanne aufschäumen, Zwiebelwürfel darin goldbraun braten und dann abkühlen lassen. Knoblauch schälen und mit etwas Salz zerdrücken.

2. Majoran waschen und Blättchen abzupfen. Zuerst Kalbsleber, gebratene Zwiebeln und Majoranblättchen, dann die Brötchen durch die feine Scheibe des Fleischwolfs drehen. Eigelbe und Knoblauch untermischen und alles 20 Minuten quellen lassen. Die Masse abschmecken, mithilfe von zwei angefeuchteten Teelöffeln eine Probenocke formen und diese in kochendem Salzwasser pochieren. Zerfällt die Probenocke, noch etwas Semmelbrösel dazugeben. Aus der Masse Nocken formen und in kochendem Salzwasser oder Fleischbrühe etwa 10 Minuten gar ziehen lassen.

3. Für die Brätnockerl die Butter schaumig rühren, dann Ei, Kalbsbrät und Sahne dazugeben und sämig rühren. 60–75 g Semmelbrösel unterziehen und mit Muskatnuss, Zitronenschale, Pfeffer und Petersilie würzen. Mit einem angefeuchteten Teelöffel eine Probenocke formen, in kochendes Salzwasser einlegen und 6 Minuten ziehen lassen. Zerfällt die Probenocke, noch Semmelbrösel dazugeben. Aus der Masse Nocken formen und garen.

4. Zum Servieren die Nockerl mit einem Schaumlöffel herausheben. Die heiße Brühe in Suppentassen oder tiefe Teller geben. Die Leber- und Brätnockerl in die Brühe legen. Die Suppe mit einigen Schnittlauchröllchen oder Majoranblättchen garnieren.

„Wenn das Wetter beim Training mal wieder nicht so mitgespielt hat, tut eine warme Suppe gut."

MATHIAS FRANK

← Lieblingsgericht: Suppe mit Leber- und Brätnockerln (S. 26)

MATHIAS FRANK

GEBOREN: 9. Dezember 1986 in Roggliswil, Schweiz

AKTUELLES TEAM: IAM Cycling

ANFÄNGE IM RADRENNSPORT: 2004 belegte Mathias Frank bei den Schweizer Juniorenmeisterschaften den dritten Platz im Einzelzeitfahren, den zweiten Platz beim Straßenrennen und den ersten Platz in der Nationalen Bergmeisterschaft. 2008 startete er seine Profikarriere.

GRÖSSTE ERFOLGE: Je ein Etappensieg in der Bayern-Rundfahrt und im Critérium International 2014; ein Etappensieg in der USA Pro Cycling Challenge 2013; zwei Etappensiege in der Österreich-Rundfahrt 2013

PRZEMYSLAW NIEMIEC

GEBOREN: 1. April 1980 in Oświęcim, Polen

AKTUELLES TEAM: Lampre-Merida

ANFÄNGE IM RADRENNSPORT: Er startete 2002 als Profi für das Team Amore & Vita-Beretta.

GRÖSSTE ERFOLGE: Sieg beim Eintagesrennen Giro di Toscana 2006;
je eine Etappe Settimana Internazionale und Tour des Pyrénées 2010;
6. Platz Gesamtwertung Giro d'Italia 2013;
ein Etappensieg in der Vuelta a España 2014

BESONDERHEIT: Er ist ein typischer Bergfahrer.

→ **Lieblingsgericht: Kalte Paprikasuppe mit Fenchel (S. 30)**

KALTE PAPRIKASUPPE
mit Fenchel

ZUTATEN
Für die Paprikasuppe
600 g rote Paprikaschoten, 1 Stück frischer Ingwer (10 g), ½ rote Chilischote,
1 Knoblauchzehe, 1 Msp. abgeriebene Bio-Zitronenschale, 1 EL Zitronensaft,
200 ml frisch gepresster Orangensaft, 200 ml Gemüsefond, 1 EL Weißweinessig, Salz
Für die Fenchelsuppe
300 g Fenchel, 1 TL Speisestärke, Salz, Zucker,
1 EL Olivenöl, 4 EL griechischer Schafsmilchjoghurt (10 % Fett), 4 Stücke Fladenbrot

ZUBEREITUNGSZEIT
ca. 45 Min., Kühlzeit 1 Std.

1. Paprikaschoten halbieren. Stielansatz, Samen und Trennwände entfernen. Schoten waschen und dünn schälen. Fruchtfleisch in grobe Stücke schneiden. Ingwer schälen und fein hacken. Chili waschen, von Samen und Trennwänden befreien und würfeln. Knoblauch schälen und fein hacken.

2. Paprika, Ingwer, Chili, Knoblauch, Zitronenschale, Zitronensaft, Orangensaft, Fond und Essig fein pürieren. Die Suppe mit Salz abschmecken und 1 Stunde ins Tiefkühlfach stellen, dabei gelegentlich durchrühren, damit sich keine Kristalle bilden. Vier Suppenschalen ins Tiefkühlfach stellen.

3. Für die Fenchelsuppe das Grün von den Fenchelknollen abschneiden, waschen und beiseitelegen. Knollen waschen, halbieren und den Strunk herausschneiden. Die Hälften grob zerkleinern und im Entsafter entsaften (ergibt etwa 170 ml Saft).

4. Die Speisestärke mit 2 EL Fenchelsaft verquirlen. Den restlichen Saft aufkochen, die Stärkemischung einrühren und alles etwa 1 Minute köcheln lassen, bis der Saft sämig wird. Die Fenchelsuppe mit Salz und Zucker abschmecken und kühl stellen. Das Fenchelgrün fein schneiden und zwei Drittel unter die Suppe ziehen.

5. Die eisgekühlte Paprikasuppe mit dem Pürierstab kurz aufmixen und in die gekühlten Suppenschalen füllen. Die Fenchelsuppe in Punkten darauf verteilen. Mit Olivenöl beträufeln und mit dem restlichen Fenchelgrün garnieren. Joghurt glatt rühren und mit Fladenbrot zur Suppe servieren.

„Eine erfrischende Sommersuppe! Und ohne Tomaten – die mag ich nämlich nicht so gern."

PRZEMYSLAW NIEMIEC

CHICKEN-SANDWICH

ZUTATEN
200 g grüne Bohnen, Salz, 6 getrocknete Tomaten (in Öl),
150 g Kirschtomaten, 5 EL Joghurt-Frischkäse,
2 EL mildes Ajvar (Paprikamus), frisch gemahlener Pfeffer,
4 Hähnchenschnitzel (je ca. 150 g),
1 ½ TL edelsüßes Paprikapulver, 4 EL Olivenöl,
3 EL Ahornsirup, 1 ½ EL mittelscharfer Senf,
4 Baguette-Brötchen

ZUBEREITUNGSZEIT
ca. 40 Min.

1. Die Bohnen waschen, putzen und in Salzwasser in ca. 7 Minuten gar kochen. Dann in ein Sieb abgießen, kalt abschrecken und gut abtropfen lassen.

2. Inzwischen die getrockneten Tomaten gut abtropfen lassen und in kleine Würfel schneiden. Die Kirschtomaten waschen und vierteln. Den Frischkäse mit Ajvar verrühren, mit Salz und Pfeffer würzen.

3. Die Hähnchenschnitzel waschen und mit Küchenpapier trocken tupfen, dann mit Paprikapulver einreiben, salzen und pfeffern. Den Tepangrill erhitzen und mit 1 EL Öl einpinseln. Hähnchenschnitzel bei starker Hitze 6 Minuten grillen, dabei einmal wenden.

4. Inzwischen das übrige Öl mit Ahornsirup und Senf verrühren. Die Bohnen mit Kirschtomaten, den getrockneten Tomaten und dem Senfdressing vermischen. Mit Salz abschmecken.

5. Die Brötchen aufschneiden und die Schnittflächen mit der Ajvarcreme bestreichen. Anschließend die Hähnchenschnitzel mit dem Bohnengemüse in die Brötchen füllen und servieren.

„Nach der Rennphase brauche ich erst einmal etwas Richtiges zu essen."

PETER STETINA

← Lieblingsgericht: Chicken-Sandwich (S. 32)

PETER STETINA

GEBOREN: 8. August 1987 in Boulder, Colorado

AKTUELLES TEAM: BMC Racing Team

ANFÄNGE IM RADRENNSPORT: Peter Stetina stammt aus einer Familie von Radsportlern, sein Vater gewann unter anderem die Vuelta a Costa Rica und zweimal den Cascade Classic, sein Onkel wurde zweimal US-amerikanischer Zeitfahrmeister.

GRÖSSTE ERFOLGE: Etappensieg Tour of Utah und Giro d'Italia 2012; 9. Platz Gesamtwertung USA Pro Cycling Challenge 2012; 4. Platz Gesamtwertung Tour de Langkawi

MARTIN ELMIGER

GEBOREN: 23. September 1978 in Cham (Kanton Zug), Schweiz

BERUFSAUSBILDUNG: Tiefbauzeichner

AKTUELLES TEAM: IAM Cycling

ANFÄNGE IM RADRENNSPORT: Martin Elmiger begann 1992 als 13-Jähriger mit dem Radsport in der Schülerkategorie und gewann im gleichen Jahr seine ersten beiden Rennen. Ab 1994 fuhr er parallel Mountainbike und wurde 1995 damit Schweizer Schüler-Vizemeister. 2001 startete er als Radrennprofi.

GRÖSSTE ERFOLGE: Vierfacher Schweizer Meister im Straßenrennen (2001, 2005, 2010, 2014); Sieg bei der Tour Down Under 2007

→ Lieblingsgericht: Nüsslisalat mit Kartoffel-Speck-Dressing (S. 36)

NÜSSLISALAT
mit Kartoffel-Speck-Dressing

ZUTATEN

500 g Nüsslisalat (Feldsalat), 2 mehligkochende Kartoffeln, Salz,
1 TL Kümmel, 175 ml Geflügelfond, 4 EL Himbeeressig (oder Obstessig),
2 EL Sud von Essiggurken, 1 Schalotte,
60 g geräuchertes, gepökeltes und gekochtes Wammerl (Schweinebauch),
4 EL Sonnenblumenöl, frisch gemahlener Pfeffer,
1–2 TL Butter, 4 EL Weißbrotwürfel, 6–8 Radieschen

ZUBEREITUNGSZEIT
ca. 1 Std.

1. Den Feldsalat putzen, gründlich waschen und trocken schleudern. Kartoffeln in der Schale in Salzwasser mit dem Kümmel weich kochen. Anschließend Kartoffeln abgießen, noch heiß pellen, grob zerkleinern und zusammen mit dem Geflügelfond, dem Himbeeressig und dem Essiggurkensud im Mixer auf niedriger Stufe pürieren.

2. Die Schalotte schälen und fein würfeln. Das Wammerl ebenfalls fein würfeln. Das Sonnenblumenöl in einer Pfanne erhitzen und die Wammerlwürfel darin auslassen. Das heiße Fett durch ein Sieb in den Mixer laufen lassen. So wird das Dressing sämig, denn das Fett bindet die Flüssigkeit ab.

3. Das Dressing mit Salz und Pfeffer abschmecken und die Schalotte sowie die gerösteten Wammerlwürfel hinzugeben.

4. Die Butter in einer Pfanne hell aufschäumen und die Weißbrotwürfel darin bei mittlerer Hitze goldbraun anrösten. Die Radieschen waschen, trocken tupfen und in feine Scheiben schneiden. Den Feldsalat in eine ausreichend große Schüssel geben und behutsam mit dem Kartoffel-Speck-Dressing marinieren. Mit den Radieschenscheiben und den gerösteten Weißbrotwürfeln garnieren.

„Nüsslisalat – wie wir Schweizer Feldsalat nennen – mit einem feinen Dressing ist die perfekte Vorspeise."

MARTIN ELMIGER

CHICORÉESALAT
mit geräucherter Entenbrust

ZUTATEN

Für die Entenbrust

4 Entenbrüste (je 120 g), 6 Wacholderbeeren, 10 schwarze Pfefferkörner,
2 TL Pökelsalz, 1 TL Senfsaat, 1 angedrückte Knoblauchzehe,
abgeriebene Schale von je ½ Bio-Orange und -Zitrone,
2 EL Räuchermehl (Anglerbedarf), 1 Zweig Rosmarin,
1 Zweig Thymian, Olivenöl zum Braten

Für den Chicoréesalat

1 TL Zucker, 100 ml Orangensaft, 1 EL Champagneressig (oder weißer Aceto balsamico),
50 ml Traubenkernöl, 1 Eigelb, Salz, frisch gemahlener Pfeffer,
4 Köpfe Chicorée, 2–3 EL Zitronensaft, Kresse zum Garnieren

ZUBEREITUNGSZEIT

ca. 1 Std. 30 Min., Marinierzeit 24 Std.

1. Die Entenbrüste parieren, die Haut fein einritzen, nicht ins Fleisch schneiden. Wacholderbeeren und Pfefferkörner im Mörser zerdrücken. Entenbrüste auf beiden Seiten mit Pökelsalz, Senfsaat, Knoblauch, Wacholderbeeren, Pfefferkörnern und Orangen- und Zitronenschale einreiben und im Kühlschrank zugedeckt 24 Stunden marinieren.

2. Die Entenbrüste herausnehmen und die Marinade abstreifen. Einen Wok mit Alufolie auslegen und das Einsatzgitter mit Alufolie überziehen, diese mehrfach einstechen. Räuchermehl in den Wok geben, anzünden und Rosmarin sowie Thymian dazugeben. Entenbrüste mit der Fettseite nach unten auf das Gitter legen und dieses in den Wok einsetzen. Deckel auflegen und das Fleisch 10 Minuten räuchern. Herausnehmen, in Olivenöl knusprig braten und in Alufolie gewickelt warm stellen.

3. Für den Salat Zucker mit 2 TL Wasser karamellisieren. Mit Orangensaft ablöschen und um zwei Drittel einkochen. Topf vom Herd nehmen und in den lauwarmen Fond Essig, Öl und Eigelb mixen. Mit Salz und Pfeffer abschmecken.

4. Den Chicorée halbieren und vom Strunk befreien. Salzen und zuckern, mit Zitronensaft beträufeln, in einen Gefrierbeutel geben, Luft herausdrücken, Beutel zubinden. In leicht kochendem Wasser 5 Minuten garen. In Eiswasser abschrecken, herausnehmen und trocken tupfen. Chicorée mit der Vinaigrette beträufeln. Die Entenbrüste in Scheiben schneiden, auf dem Salat anrichten und mit Kresse garnieren.

„Das Räuchern gibt ein tolles Aroma – beinahe wie vom Grill."

RETO HOLLENSTEIN

← Lieblingsgericht: Chicoréesalat mit geräucherter Entenbrust (S. 38)

RETO HOLLENSTEIN

GEBOREN: 22. August 1985 in Frauenfeld (Thurgau), Schweiz

BERUFSAUSBILDUNG: Elektromonteur

AKTUELLES TEAM: IAM Cycling

ANFÄNGE IM RADRENNSPORT: Reto Hollenstein begann beim VC Fischingen, fuhr 2004 als Amateur in der Schweiz für das Team GS Lombardi und von 2005 bis 2007 als Elitefahrer beim Team Rufalex. 2009 startete er seine Profikarriere bei dem österreichischen Team Vorarlberg-Corratec.

GRÖSSTE ERFOLGE: 3. Platz Gesamtwertung Oberösterreich-Rundfahrt 2011; 4. Platz bei den Schweizer Meisterschaften und 6. Platz bei der Tour de Berne 2013

BESONDERHEITEN: Für einen Radrennfahrer ist er mit 1,97 Meter ungewöhnlich groß, gilt aber als starker Bergfahrer.

ADAM HANSEN

GEBOREN: 11. Mai 1981 in Southport/Gold Coast (Queensland), Australien

SPITZNAME: Croc(odile) Man, Lumpy

BERUFSAUSBILDUNG: Software-Entwickler

AKTUELLES TEAM: Lotto Belisol

ANFÄNGE IM RADRENNSPORT: Erst relativ spät (2002) begann Adam Hansen seine Radsportkarriere. 2003 ging er nach Europa zum österreichischen Radsportteam Graz Merida Arbö. 2004 und 2005 gewann er die australische Crocodile Trophy, der er seinen Spitznamen verdankt.

GRÖSSTE ERFOLGE: Australischer Meister im Einzelzeitfahren 2008; Gesamtwertung und ein Etappensieg beim Ster Elektrotoer 2010; Etappensieg Giro d'Italia 2013; Etappensieg Vuelta a España 2014;

BESONDERHEITEN: 2012 fuhr Hansen als zweiter Australier in einem Jahr alle drei Grand Tours. Er wiederholte dies 2013 und 2014 als einziger Nicht-Spanier weltweit.

→ Lieblingsgericht: Endiviensalat (S. 42)

ENDIVIENSALAT
als Begleiter zu Fleisch und Fisch

ZUTATEN

Für den Endiviensalat mit Kürbisvinaigrette
1 Kopf gelbe Endivie, Salz, 1 Prise Zucker,
1 EL Weißweinessig, 3 TL Distelöl, 3 TL Kürbiskernöl,
frisch gemahlener Pfeffer, 2 EL Kürbiskerne

Für den Endiviensalat mit Himbeervinaigrette und Speck
1 Kopf gelbe Endivie, 1 EL Honig,
Salz, frisch gemahlener Pfeffer, 2 EL Himbeeressig,
1 EL Zitronensaft, 50 ml Walnussöl (oder Traubenkernöl),
150 g Himbeeren, 4 Scheiben Speck

ZUBEREITUNGSZEIT
ca. 20 Min.

1. Für beide Salatvarianten von der Endivie die äußeren welken und zu grünen Blätter entfernen. Den Strunk mit einem spitzen Messer keilförmig herausschneiden. Die Endivie der Länge nach halbieren und die Blätter mit einem scharfen Messer in feine, etwa 3–5 mm breite Streifen schneiden. Endivienstreifen in einer Schüssel zunächst lauwarm, dann kalt waschen und anschließend gut trocken schleudern.

2. Für die Kürbisvinaigrette etwas Salz mit Zucker und Essig verrühren, dann das Distel- sowie das Kürbiskernöl unterschlagen und die Vinaigrette mit Pfeffer abschmecken. Kürbiskerne in einer beschichteten Pfanne ohne Fett goldbraun anrösten und anschließend grob hacken. Den abgetropften Endiviensalat mit der Vinaigrette anmachen und die Kürbiskerne darüberstreuen.

3. Für die Himbeervinaigrette den Honig mit Salz, Pfeffer und Himbeeressig verrühren. Den Zitronensaft unterrühren und das Walnuss- oder Traubenkernöl unterschlagen. Die Himbeeren verlesen, vorsichtig waschen und gut abtropfen lassen. Speck in kleine Würfel schneiden und in einer beschichteten Pfanne ohne Fett knusprig braten. Den abgetropften Endiviensalat auf Teller verteilen und mit den Himbeeren belegen. Die Speckwürfel darüberstreuen und die Himbeervinaigrette darauftröpfeln. Sofort servieren.

„Wenn ich von einem Rennen zurückkomme, gehört zu meiner ersten Mahlzeit auch Salat dazu."

ADAM HANSEN

VEGETARISCH

GRÜNKOHLSUPPE
aus Portugal

ZUTATEN FÜR 6 PORTIONEN
Für die Suppe
500 g Grünkohl, 1 Zwiebel (50 g), 50 ml Olivenöl, 100 ml Weißwein,
400 g stückige Tomaten (aus der Dose), 1 Knoblauchzehe,
1 kleine rote Chilischote, 250 ml Gemüsefond,
1 gehäufter EL Tomatenmark, 1 Lorbeerblatt, Salz, Chilipulver
Für die Einlage
750 g festkochende Kartoffeln, 50 g Pinienkerne, 1 EL Olivenöl, Salz

ZUBEREITUNGSZEIT
ca. 1 Std. 10 Min.

1. Für die Suppe den Grünkohl putzen, waschen und abtropfen lassen. Von den Blättern den harten Strunk entfernen und Rippen herausschneiden. Die Blätter (ca. 250 g) klein schneiden. Zwiebel schälen und in kleine Würfel schneiden.

2. Olivenöl in einem Topf erhitzen und die Zwiebel darin glasig anschwitzen. Den Grünkohl zugeben und ebenfalls 5–6 Minuten anschwitzen, bis er zusammengefallen ist. Dann Weißwein dazugießen und die Tomaten einrühren.

3. Knoblauch schälen und fein hacken. Chilischote waschen, vom Stielansatz befreien und mit den Samen fein hacken. Knoblauch und Chili zum Grünkohl geben. Gemüsefond dazugießen, Tomatenmark und Lorbeerblatt einrühren und die Suppe zugedeckt etwa 25 Minuten köcheln lassen. Anschließend Lorbeerblatt herausnehmen und die Suppe mit Salz und Chilipulver abschmecken.

4. In der Zwischenzeit für die Einlage die Kartoffeln waschen und in Salzwasser in etwa 25 Minuten gar kochen. Die Kartoffeln abgießen, kurz ausdampfen lassen, pellen und in 5 mm dicke Scheiben schneiden.

5. Die Pinienkerne mit dem Olivenöl und etwas Salz in einer Pfanne goldbraun rösten. Dabei darauf achten, dass die Kerne nicht anbrennen.

6. Die Grünkohlsuppe portionsweise mit den Kartoffelscheiben in Schalen anrichten, mit den gerösteten Pinienkernen bestreuen und servieren.

„Dieser Cozido à Portuguesa ist mein Leibgericht aus meiner portugiesischen Heimat."

TIAGO MACHADO

← Lieblingsgericht: Grünkohlsuppe aus Portugal (S. 46)

TIAGO MACHADO

GEBOREN: 18. Oktober 1985 in Vila Nova de Famalicão, Portugal

AKTUELLES TEAM: Team NetApp-Endura

ANFÄNGE IM RADRENNSPORT: Tiago Machado began seine Profikarriere 2005 bei dem portugiesischen Radsportteam Carvalhelhos-Boavista.

GRÖSSTE ERFOLGE: Portugiesischer Meister im Einzelzeitfahren 2009; Gesamtsieg bei der Slowenien-Rundfahrt 2014

ROBERT WAGNER

SPITZNAME: Wagi

GEBOREN: 17. April 1983 in Magdeburg, Deutschland

BERUFSAUSBILDUNG: Automobilkaufmann

AKTUELLES TEAM: Belkin

ANFÄNGE IM RADRENNSPORT: Robert Wagner stammt aus einer Familie von Radsportprofis und fuhr bereits 1993 im Alter von zehn Jahren sein erstes Rennen in seiner Heimatstadt.

GRÖSSTER ERFOLG: Sieg bei der Deutschen Meisterschaft im Straßenrennen in Neuwied 2011

BESONDERHEIT: Seine sympathische und offene Art macht ihn im Radrennsport auch zum Sieger der Herzen.

→ Lieblingsgericht: Kartoffelpuffer (S. 50)

KARTOFFELPUFFER

ZUTATEN
Für klassische Kartoffelpuffer
800 g mehligkochende Kartoffeln, 2 Eigelb,
2 EL Schmand, Salz, frisch gemahlener Pfeffer,
1 Prise frisch geriebene Muskatnuss, Rapsöl zum Ausbacken
Für rasch zubereitete Kartoffelpuffer
750 g mehligkochende Kartoffeln, 3 Eigelb,
2 EL Crème fraîche, 60 g Kartoffelstärke,
Rapsöl zum Ausbacken

ZUBEREITUNGSZEIT
je nach Rezept ca. 40 Min. bis 1 Std. 20 Min.

1. Kartoffeln schälen und auf einer Küchenreibe in sehr feine Raspel reiben. Die Raspel in einem Sieb fest ausdrücken und den Saft auffangen. Kartoffelsaft 5 Minuten ruhen lassen, damit sich die Stärke absetzt. Saft abgießen und die abgesetzte Stärke mit den geriebenen Kartoffeln, Eigelben und Schmand verrühren. Mit Salz, Pfeffer und Muskatnuss würzen. Kleine Fladen formen und auf dem Tepangrill mit Rapsöl knusprig ausbacken.

2. Für die rasch zubereiteten Kartoffelpuffer Kartoffeln schälen und grob schneiden. Mit den anderen Zutaten mit einem Pürierstab pürieren. Den Tepangrill mit etwas Öl heiß werden lassen und jeweils etwa 1–2 EL Teig für kleine Puffer daraufgeben. Die Puffer auf einer Seite goldbraun backen, wenden und auch auf der anderen Seite knusprig und goldbraun backen.

3. Zum Servieren die Kartoffelpuffer auf vorgewärmten Tellern anrichten. Als Beilagen für alle Kartoffelpuffervarianten eignen sich Räucherlachs mit Meerrettichsahne, Rindertatar mit Crème fraîche, Lachstatar, Rahmkraut, Schmand mit Kresse oder cremiger Gurkensalat. Sie können stattdessen auch Apfelmus, Birnenkraut, eingekochtes Birnenmus oder Zimtzucker dazureichen.

Variante:
Für Kartoffelpuffer mit Speck und Kräutern den Grundteig genauso zubereiten wie für klassische Kartoffelpuffer. Zusätzlich 1–2 Zwiebeln schälen und würfeln. 100 g Speckwürfel, etwas gehackte Petersilie, Schnittlauchröllchen und gehackte Majoranblättchen mit den Zwiebelwürfeln unter den Teig mischen. Mit Salz und Pfeffer abschmecken. Kleine Fladen formen und in Öl knusprig braun braten.

„Als Kind habe ich Kartoffelpuffer geliebt – egal ob süß oder salzig."

ROBERT WAGNER

KÄSESPÄTZLE

ZUTATEN

5 Eier, 6 Eigelb, Salz, 1 Msp. geriebene Muskatnuss,
500 g Mehl, 1 EL saure Sahne,
75 g Allgäuer Bergkäse, 75 g Emmentaler,
75 g Edamer oder Weißlackerkäse,
400 g weiße Zwiebeln, 80 ml Rapsöl, 250 g braune Zwiebeln,
50 g Butter, frisch gemahlener Pfeffer,
3–4 EL Schnittlauchröllchen, Bratensauce nach Belieben

ZUBEREITUNGSZEIT
ca. 1 Std.

1. Eier und Eigelbe mit 1 Msp. Salz und Muskatnuss mit einem Schneebesen verquirlen und 1 Minute ruhen lassen. So bekommt der Teig eine kräftigere Farbe. Mehl und saure Sahne dazugeben und so lange schlagen, bis der Teig Blasen wirft. Den Teig zugedeckt ca. 20 Minuten ruhen lassen.

2. Inzwischen alle Käsesorten fein reiben. Die weißen Zwiebeln schälen und in feine Ringe schneiden. Das Öl in einer Pfanne erhitzen und die Zwiebelringe darin bei schwacher Hitze langsam goldbraun und knusprig rösten. In ein Sieb abgießen, auf Küchenpapier abtropfen lassen und mit Salz bestreuen.

3. Die braunen Zwiebeln schälen und in feine Würfel schneiden. Die Butter in einer großen Pfanne aufschäumen lassen, die Zwiebelwürfel darin goldbraun rösten. Mit Salz und Pfeffer würzen.

4. In einem großen Topf reichlich Salzwasser aufkochen lassen. Den Teig portionsweise mithilfe eines Spätzlehobels oder einer Spätzlepresse in das Wasser geben. Die Spätzle kräftig aufkochen lassen. Mit einem Schaumlöffel herausheben, kurz abschrecken und gut abtropfen lassen.

5. Die Spätzle mit den Zwiebelwürfeln in der Pfanne bei mittlerer Hitze durchschwenken und mit Salz und reichlich Pfeffer würzen. Den geriebenen Käse unter die heißen Spätzle rühren, er sollte schmelzen und Fäden ziehen.

6. Die Käsespätzle auf vorgewärmte Teller geben, nach Belieben Bratensauce dazu angießen und die knusprigen Zwiebelringe auf den Käsespätzle verteilen. Die Käsespätzle mit den Schnittlauchröllchen bestreuen und servieren. Dazu passt Kopf- oder Feldsalat.

„Mein Bruder Martin und ich teilen nicht nur die Leidenschaft zum Radfahren, sondern auch unsere Vorliebe für Käse."

PETER VELITS

← Lieblingsgericht: Käsespätzle (S. 52)

PETER VELITS

GEBOREN: 21. Februar 1985 in Bratislava, Slowakei

AKTUELLES TEAM: BMC Racing Team

ANFÄNGE IM RADRENNSPORT: Peter Velits' Karriere startete 2004 beim Radsportteam Dukla Trečín Merida.

GRÖSSTE ERFOLGE: Etappensieg und 3. Platz in der Gesamtwertung der Vuelta a España 2010; Slowakischer Meister im Einzelzeitfahren 2012, 2013 und 2014; Sieger Gesamtwertung Tour of Oman 2012

MARTIN VELITS

GEBOREN: 21. Februar 1985 in Bratislava, Slowakei

AKTUELLES TEAM: Omega Pharma-Quick-Step

ANFÄNGE IM RADRENNSPORT: Er begann mit dem Radsport gemeinsam mit seinem Zwillingsbruder im Alter von 13 Jahren.

GRÖSSTE ERFOLGE: Slowakischer Meister Straßenrennen 2009 und Zeitfahren 2010; 8. Platz auf der 14. Etappe der Tour de France nach Foix 2012

→ **Lieblingsgericht: Käsesoufflé (S. 56)**

KÄSESOUFFLÉ

ZUTATEN
Für den Salat
2 mittelgroße Rote Beten, Salz, 160 g Feldsalat, 2 kleine reife Birnen, (z. B. Gute Luise),
2 EL Walnusskerne, 3 EL Rote-Bete-Saft, 1 EL Holunderblütensirup, 1 Spritzer Zitronensaft,
frisch gemahlener Pfeffer, 4 EL Walnussöl,
Für das Soufflé
20 g Butter, 30 g Weizenmehl, 240 ml Milch, 125 g Bergkäse, 2 Eier, Salz,
frisch gemahlener Pfeffer, frisch geriebene Muskatnuss, 1 EL Holunderblütensirup
Für die Rote-Bete-Chips
2 mittelgroße Rote Beten, etwas Mehl, Öl zum Frittieren, Salz, Butter für die Förmchen

ZUBEREITUNGSZEIT
ca. 1 Std.

1. Für den Salat die Roten Beten in Salzwasser in etwa 20 Minuten gar kochen, abgießen und abkühlen lassen. Feldsalat waschen und trocken schleudern. Rote Beten schälen und grob würfeln. Birnen schälen, vierteln, Kerngehäuse entfernen und ebenfalls grob würfeln. Walnusskerne grob hacken. Rote-Bete-Saft, Sirup, Zitronensaft, Salz, Pfeffer und Öl zu einer Vinaigrette verrühren.

2. Für das Soufflé vier Förmchen (10 cm Durchmesser) buttern. Backofen auf 180 °C (Ober-/Unterhitze) vorheizen. Butter in einem Topf aufschäumen lassen. Mehl einrühren, hell anschwitzen, dann abkühlen lassen.

3. Milch aufkochen und zur Mehlschwitze gießen. Unter Rühren aufkochen, einmal gut durchkochen, vom Herd nehmen und etwas abkühlen lassen.

4. Käse reiben. Eier trennen. Sauce bei Bedarf durch ein Sieb streichen und so Klümpchen entfernen. Eigelbe einrühren, dann Käse, Salz, Pfeffer, Muskat und Sirup unterziehen. Eiweiße steif schlagen und zunächst ein Drittel davon unter die Masse heben, dann den Rest. Die Soufflémasse bis etwa 1 cm unter den Rand in die Förmchen füllen und im Ofen (Mitte) etwa 20 Minuten backen.

5. Für die Chips die Roten Beten schälen, in dünne Scheiben hobeln und in Mehl wenden. In heißem Öl 2–3 Minuten frittieren. Rote-Bete-Chips auf Küchenpapier abtropfen lassen und leicht salzen.

6. Feldsalat, Rote-Bete- und Birnenwürfel in einer Schüssel mit der Vinaigrette beträufeln und mischen. Salat auf Tellern anrichten und mit Walnüssen und Rote-Bete-Chips bestreuen. Förmchen aus dem Ofen nehmen. Die Soufflés sofort mit dem Salat servieren.

„Mein Zwillingsbruder Peter und ich sind uns nicht immer einig, aber bei einem guten Käse können wir beide nicht Nein sagen."

MARTIN VELITS

UNDERGROUND-CURRY

ZUTATEN

1 Stück frischer Ingwer (30 g), 1 Knoblauchzehe,
½ Bund Koriandergrün mit Wurzeln, 1 kleine rote Chilischote,
50 g Zwiebel, 50 ml Oliven- oder Sonnenblumenöl,
1 TL Currypulver, ½ TL gemahlene Kurkuma, Salz,
½ Stange Zimt, 1 Sternanis, 600 ml Kokosmilch,
300 ml Gemüsefond, 300 g Jasminreis (geschält),
1–1,5 kg Wurzelgemüse (Petersilienwurzeln, Möhren, Pastinaken,
Kartoffeln, Knollensellerie, Topinambur, Steckrüben, Schwarzwurzeln, Rote Bete),
½ Bund Thai-Basilikum, Zitronensaft

ZUBEREITUNGSZEIT
ca. 1 Std. 45 Min.

1. Ingwer und Knoblauch schälen und würfeln. Koriandergrün mit den Wurzeln waschen und trocken schütteln. Wurzeln klein schneiden, das Grün fein hacken und beiseitelegen. Chili waschen und hacken. Zwiebel schälen und würfeln.

2. Olivenöl in einem Topf erhitzen und die Zwiebelwürfel darin glasig anschwitzen. Ingwer, Knoblauch, Korianderwurzeln, Chili, Currypulver, Kurkuma, Salz, Zimtstange und Sternanis zugeben. Kokosmilch und den Fond dazugießen und alles zugedeckt bei schwacher Hitze etwa 10 Minuten köcheln lassen. Topf vom Herd nehmen und die Mischung noch etwa 30 Minuten ziehen lassen.

3. Den Jasminreis in einen Topf geben und langsam kaltes Wasser dazugießen. Den Reis mit den Händen hin- und herbewegen und das Wasser abgießen. Wiederholen, bis das Wasser klar ist. Zuletzt den Reis in ein Sieb abgießen, zurück in den Topf füllen und 450 ml Wasser dazugießen.

4. Den Reis aufkochen und bei mittlerer Hitze köcheln lassen, bis das Wasser vollständig aufgesogen ist. Dabei nicht umrühren. Den Topf vom Herd nehmen und den Reis zugedeckt weitere 20 Minuten quellen lassen.

5. Zimtstange und Sternanis entfernen und die Sauce mit dem Pürierstab cremig mixen. Wurzelgemüse putzen, waschen, schälen und in etwa 1 cm große Würfel schneiden. Die Würfel in Salzwasser in etwa 5 Minuten bissfest garen. Gemüsewürfel in ein Sieb abgießen, unter die Currysauce heben und alles einmal kurz aufkochen.

6. Thai-Basilikum waschen, trocken schütteln, Blätter abzupfen und zum Curry geben. Das Curry mit Salz, Currypulver, Zitronensaft und Koriandergrün abschmecken, in vier Schalen anrichten und mit Jasminreis servieren.

„Ich lasse mich gern von meinen Urlauben in Südostasien inspirieren."

JOHANNES FRÖHLINGER

← Lieblingsgericht: Underground-Curry (S. 58)

JOHANNES FRÖHLINGER

GEBOREN: 9. Juni 1985 in Gerolstein, Deutschland

AKTUELLES TEAM: Team Giant-Shimano

ANFÄNGE IM RADRENNSPORT: Johannes Fröhlinger fuhr 2006 für den französischen Verein SC Sarreguemines und für seinen Heimatverein RSC Prüm. Sein Profidebüt gab er 2007 beim Team Gerolsteiner.

GRÖSSTE ERFOLGE: 3. Platz auf der 7. Etappe der Tour de France 2009; 2008 dreimal Etappenzweiter beim Giro d'Italia, Tour du Poitou-Charentes und Sachsen-Tour

BESONDERHEIT: Er ist Spezialist für leichte bis mittelschwere Anstiege.

SYLWESTER SZMYD

GEBOREN: 2. März 1978 in Bydgoszcz, Polen

AKTUELLES TEAM: Movistar

ANFÄNGE IM RADRENNSPORT: Sylwester Szmyd ist seit 2001 Radprofi.

GRÖSSTER ERFOLG: Sieg beim Mannschaftszeitfahren auf der 4. Etappe des Giro d'Italia

BESONDERHEIT: Sylwester Szmyd ist ein loyaler Helfer und maßgeblich am Erfolg seiner Kapitäne beteiligt. Deshalb stand er selbst eher selten auf dem Siegertreppchen.

→ **Lieblingsgericht: Reisnudeln mit gebratenem Gemüse (S. 62)**

REISNUDELN
mit gebratenem Gemüse

ZUTATEN
Für das Gemüse
140 g breite Reisnudeln, Salz,
50 g kleine rote Thai-Zwiebeln oder Thai-Schalotten (Asialaden), 1 Knoblauchzehe,
1 Stück frischer Galgant (10 g; ersatzweise frischer Ingwer), 1 Stängel Zitronengras,
2 kleine rote Chilischoten, 100 g Baby-Maiskolben, 100 g Zuckerschoten,
200 g kleine runde Auberginen, 150 g rote Paprikaschoten, 100 g Shiitake-Pilze,
4 EL Erdnussöl, Salz, frisch gemahlener Pfeffer, 1 EL fein geschnittenes Thai-Basilikum
Für die Würzsauce
100 ml Gemüsefond, 2 EL Sojasauce, 2 EL vegetarische Austernsauce, 1 EL Mirin (japanischer
süßer Reiswein, aus dem Asialaden), ½ TL Speisestärke, Thai-Basilikumblättchen zum Garnieren

ZUBEREITUNGSZEIT
ca. 1 Std. 15 Min.

1. Die Reisnudeln in kochendem Salzwasser knapp bissfest garen, in ein Sieb abgießen, kalt abschrecken, gut abtropfen lassen und beiseitestellen.

2. Für das Gemüse Thai-Zwiebeln, Knoblauch und Galgant schälen und alles in feine Würfel schneiden. Vom Zitronengras die harten Blätter entfernen, Stängel waschen und in Scheiben schneiden. Chili waschen, halbieren und Samen und Trennwände entfernen. Hälften in Streifen schneiden.

3. Die Maiskolben in kochendem Wasser 2 Minuten blanchieren und sofort in eiskaltem Wasser abschrecken. Die Kolben längs halbieren. Die Zuckerschoten putzen und waschen. Die Auberginen waschen, putzen und vierteln. Die Paprikaschoten waschen, halbieren. Stielansatz, Samen und Trennwände entfernen. Die Hälften in 1,5 cm große Würfel schneiden. Die Pilze putzen, Stiele entfernen und die Hüte halbieren oder vierteln.

4. Für die Würzsauce Fond, Saucen, Mirin und Speisestärke in einer kleinen Schüssel gut verrühren.

5. Erdnussöl in einem Wok erhitzen. Thai-Zwiebeln, Knoblauch, Galgant, Zitronengras und Chili darin unter Rühren anschwitzen. Mais zugeben und kurz mit anschwitzen. Zuckerschoten, Auberginen, Paprika und Pilze zufügen und unter Rühren in 5–6 Minuten bissfest braten.

6. Würzsauce zum Gemüse gießen und aufkochen lassen. Reisnudeln unterheben, mit Salz und Pfeffer abschmecken und mit Thai-Basilikum bestreuen. Die Reisnudeln mit dem Gemüse anrichten und mit Thai-Basilikum garnieren.

„Statt Standardnudeln zur Abwechslung mal asiatische Pasta."

SYLWESTER SZMYD

TAYLOR PHINNEY

GEBOREN: 27. Juni 1990 in Boulder, Colorado, USA

AKTUELLES TEAM: BMC Racing Team

ANFÄNGE IM RADRENNSPORT: Taylor Phinneys Interesse galt zunächst dem Fußball, obwohl ihm der Radsport in die Wiege gelegt wurde: Sein Vater Davis gewann 1984 eine Bronzemedaille im Teamzeitfahren, und seine Mutter Connie Carpenter-Phinney war nach ihrer Eisschnelllaufkarriere ebenfalls erfolgreiche Radsportlerin. Mit 15 Jahren erlebte er zum ersten Mal die Tour de Fance und wechselte aufs Rad. Im Alter von 17 Jahren wurde er bereits unter anderem Junioren-Weltmeister mit dem Jugendteam von Slipstream. Der Durchbruch gelang 2008, als er auf der Bahn Junioren-Weltmeister wurde und mit einem 7. Platz in der Einzelverfolgung bei den Olympischen Spielen in Peking beeindrucken konnte. Danach wurde er ins U23-Förderprogramm von Trek-Livestrong aufgenommen. Seit 2010 ist Phinney Taylor Profi und sowohl auf der Straße als auch auf der Bahn erfolgreich.

DIE GRÖSSTEN ERFOLGE AUF DER STRASSE:

2009: Paris–Roubaix (U23)

2010: Paris–Roubaix (U23); Gesamtwertung und vier Etappensiege Olympia's Tour (Niederlande); US-amerikanischer Meister Einzelzeitfahren; Weltmeister Einzelzeitfahren (U23); Bronzemedaille Weltmeisterschaft Straßenrennen (U23)

2011: Prolog Eneco Tour

2012: Mannschaftszeitfahren Giro del Trentino; eine Etappe (Einzelzeitfahren) Giro d'Italia; eine Etappe (Einzelzeitfahren) USA Pro Cycling Challenge; Silbermedaille Weltmeisterschaft Mannschaftszeitfahren; Silbermedaille Weltmeisterschaft Einzelzeitfahren

2013: Mannschaftszeitfahren Tour of Qatar; eine Etappe Polen-Rundfahrt

2014: eine Etappe und Gesamtwertung Dubai Tour; eine Etappe Tour of California; US-amerikanischer Meister im Einzelzeitfahren

DIE GRÖSSTEN ERFOLGE AUF DER BAHN:

2009: Weltmeister Einerverfolgung; Sieger Weltcup Kopenhagen Einerverfolgung und 1000-m-Zeitfahren; US-amerikanischer Meister Einerverfolgung, Mannschaftsverfolgung (mit Julian Kyer, Ian Moir und Justin Williams) und Punktefahren

2010: Weltmeister Einerverfolgung

dubaie
103.8

WOK-GEMÜSE

ZUTATEN
Für das Gemüse
20 g Wakame-Algen (aus dem Asialaden), 1 rote Zwiebel, 100 g Shiitake-Pilze, 100 g weißer Rettich, 1 Stück frischer Ingwer (10 g), 1 Stängel Zitronengras, 50 g Zuckerschoten (nach Belieben), 2 EL Erdnussöl, 1 TL rotes Tandooripulver (aus dem Asialaden), 1 TL Masala-Currypulver (aus dem Asialaden), 200 ml Ananassaft, 200 ml Kokosmilch, 2 EL Sojasauce, 20 g Erdnussbutter, 2 Kaffirlimettenblätter (ersatzweise 1 TL abgeriebene Bio-Zitronenschale), 100 g Queller, Salz, Zucker, 1 rosa Grapefruit, 100 g Bambussprossen (aus der Dose oder vakuumverpackt, aus dem Asialaden), 5–10 frische Liebstöckelblätter (nach Belieben)

Für den Reis
1 weiße Zwiebel, 2 EL Erdnussöl, 100 g Basmatireis, 2 Lorbeerblätter, 300 ml Maracujanektar, 100 ml Sake (Reiswein)

ZUBEREITUNGSZEIT
ca. 45 Min., Quellzeit 30 Min.

1. Für das Gemüse die Wakame-Algen etwa 30 Minuten in lauwarmem Wasser einweichen. Die Algen gut ausdrücken und grob hacken.

2. Für den Reis Zwiebel schälen und würfeln. Erdnussöl in einem Topf erhitzen und Zwiebel und Basmatireis darin kurz anbraten. Lorbeerblätter zugeben und mit Maracujanektar und Sake ablöschen. Reis bei schwacher Hitze etwa 10 Minuten köcheln lassen, wenn nötig, Wasser nachgießen.

3. Für das Gemüse Zwiebel schälen und in Streifen schneiden. Pilze putzen, harte Stiele entfernen und Hüte vierteln. Rettich schälen und würfeln.

4. Ingwer schälen und fein würfeln. Vom Zitronengras harte Blätter entfernen. Stängel waschen und andrücken. Zuckerschoten waschen und putzen.

5. Erdnussöl in einem Wok erhitzen und Zwiebel, Pilze und Rettich darin anbraten. Mit Tandoori- und Currypulver würzen, dann Ananassaft, Kokosmilch und Sojasauce dazugießen. Erdnussbutter einrühren und alles noch 5 Minuten kochen lassen. Ingwer, Zitronengras, Kaffirlimettenblätter, Wakame-Algen und Queller einrühren. Das Gemüse bei mittlerer Hitze weitere 10 Minuten köcheln lassen und mit Salz und Zucker abschmecken.

6. Grapefruit schälen, Fruchtfleisch auslösen und fein schneiden. Bambussprossen abtropfen lassen und fein schneiden. Nach Belieben Liebstöckel waschen, trocknen und in Streifen schneiden.

7. Grapefruitfruchtfleisch, Bambussprossen und nach Belieben Liebstöckel unterheben. Das Gemüse in Schalen anrichten und mit Reis servieren.

„Frisches Gemüse, wenn es knackig aus dem Wok kommt – einfach lecker!"

TAYLOR PHINNEY

PASTA & CO.

ORECCHIETTE
mit Pesto

ZUTATEN
Für das Spinatpesto mit Sardellen
400 ml Olivenöl, 3 Knoblauchzehen, 10 Basilikumblätter,
100 g Spinat, 50 g Rucola, 3 in Öl eingelegte Sardellenfilets,
1 Bio-Zitrone, 4 EL Sonnenblumenkerne, 50 g frisch geriebener Parmesan,
1 TL Salz, frisch gemahlener Pfeffer

Für das Trüffelpesto
80 g Sommertrüffeln, gründlich gesäubert, 70 g Pinienkerne,
40 g frisch geriebener Parmesan, 50 ml Trüffelöl, 50 ml Olivenöl, Salz,
20 ml alter Aceto balsamico, 1 TL Butter, 1 TL gehackte Thymianblättchen,
500 g Orecchiette oder andere Pasta

ZUBEREITUNGSZEIT
45 Min. bzw. 30 Min.

1. In einem Topf 350 ml Olivenöl mit den ungeschälten Knoblauchzehen erhitzen und diese bei schwacher Hitze in 25 Minuten weich garen.

2. Inzwischen Basilikum, Spinat und Rucola waschen, verlesen und die groben Stiele entfernen. Die Blätter zerkleinern. Die Sardellen klein schneiden. Die Zitrone heiß waschen, abtrocknen und die Schale fein abreiben. Die Sonnenblumenkerne in einer beschichteten Pfanne ohne Fett rösten.

3. Knoblauch aus dem Öl nehmen, aus der Schale in einen Mixbecher drücken und das heiße sowie das restliche kalte Olivenöl zufügen. Basilikum, Spinat, Rucola, Sardellen, Zitronenschale, Sonnenblumenkerne und den Käse zum Öl geben und alles mit dem Pürierstab sehr fein pürieren. Das Pesto mit Salz und Pfeffer würzen und in Gläser füllen. Es passt gut zu Orecchiette oder Cavatelli sowie zu kurz gebratenem oder gegrilltem Fisch oder Fleisch.

4. Die Trüffeln fein hacken. Pinienkerne in einer beschichteten Pfanne ohne Fett goldbraun rösten, abkühlen lassen und im Mörser fein zerreiben. Erst die Trüffelstückchen untermischen, dann den Parmesan unter die Trüffelmasse rühren.

5. Anschließend Trüffel- und Olivenöl langsam einlaufen lassen und nach und nach unterrühren. Essig zugießen und das Pesto salzen. In einer Pfanne die Butter zerlassen, die Thymianblättchen darin kurz schwenken und unterrühren.

6. Die Orecchiette oder andere Pasta nach Packungsanweisung in Salzwasser gar kochen, abgießen und mit den Pesto-Varianten servieren.

> „Ich bin ein großer Fan von selbst gemachtem Pesto mit frischer Pasta."
>
> GREG VAN AVERMAET

SPAGHETTINI
mit Tomatensauce

ZUTATEN
Für die Tomatensauce
400 g San-Marzano-Tomaten oder andere aromatische Tomaten, 50 g Butter,
½ TL Salz, frisch gemahlener Pfeffer, 15 Basilikumblätter, grob zerkleinert, 1 Schalotte,
2 Knoblauchzehen, 3 EL Olivenöl, je 1 Zweig Thymian und Rosmarin
Für die Nudeln
Salz, 400 g Spaghettini, einige getrocknete Tomaten, 10 Kirschtomaten, halbiert,
1 Bund Rucola, gewaschen, getrocknet und zerkleinert, frisch gemahlener Pfeffer, Zucker,
10 Basilikumblätter, Parmesan nach Belieben

ZUBEREITUNGSZEIT
ca. 1 Std.

1. Die Tomaten für die Sauce waschen, kreuzförmig einritzen, kurz blanchieren, kalt abschrecken und häuten. Jeweils den Stielansatz entfernen und das Fruchtfleisch klein würfeln. In einem Topf die Butter zerlassen und die Tomatenwürfel darin kurz anschwitzen. Alles salzen, pfeffern, das Basilikum unterrühren und die Sauce beiseitestellen.

2. Schalotte und Knoblauch schälen und fein würfeln. In einer großen Pfanne das Öl erhitzen und die Schalotten- und Knoblauchwürfel darin hell anschwitzen. Tomatensauce und Kräuterzweige zufügen, die Temperatur reduzieren und alles noch einige Minuten ziehen lassen, dann Thymian und Rosmarin wieder entfernen.

3. In einem Topf ausreichend Salzwasser zum Kochen bringen und die Nudeln darin al dente garen, dann abgießen. Die Pasta mit den getrockneten Tomaten, den Kirschtomaten und dem Rucola zu der Sauce geben und kurz durchschwenken. Alles mit Salz, Pfeffer und Zucker abschmecken und grob geschnittene Basilikumblätter zufügen. Die Spaghettini auf vorgewärmten Tellern oder in einer Schüssel anrichten, nach Belieben etwas Parmesan darüberhobeln und die Pasta sofort servieren.

„Ich mag meine italienische Heimat und ihre Küche. Und dazu gerne auch mal ein Weißbier."

MANUEL QUINZIATO

GORGONZOLA-RAVIOLI
mit Marillenchutney

ZUTATEN

Für den Nudelteig
3 Eier (Größe M), 2 Eigelb (Größe M), 2 EL Olivenöl, Salz,
250 g Weizenmehl (Type 405), 50 g Hartweizengrieß

Für die Füllung
300 g Gorgonzola, 4 EL Milch, 40 g frisch geriebener Parmesan,
frisch gemahlener Pfeffer, frisch geriebene Muskatnuss

Für die Walnussbutter
120 g Butter, Salz, 2 EL gehackte Walnusskerne

Für die Garnitur
100 g frisch geriebener Parmesan, fein geschnittene und ganze Basilikumblätter,
Marillenchutney (aus dem Glas) zum Servieren

ZUBEREITUNGSZEIT
ca. 2 Std. 15 Min., Ruhezeit 1 Std.

1. Für den Nudelteig Eier, Eigelbe, Öl und Salz verquirlen. Mehl und Grieß auf die Arbeitsfläche sieben und in die Mitte eine Mulde drücken. Eimasse hineingeben und alles zu einem glatten Teig verkneten. Den Nudelteig in Frischhaltefolie wickeln und 1 Stunde im Kühlschrank ruhen lassen.

2. Für die Füllung den Gorgonzola grob würfeln, mit der Milch in eine Metallschüssel geben und über einem heißen Wasserbad erwärmen. Den Parmesan unterrühren und die Käsemasse mit Pfeffer und Muskatnuss abschmecken.

3. Den Nudelteig in 6 Portionen teilen und diese mit der Nudelmaschine zu dünnen Bahnen ausrollen. Die Gorgonzolamasse in einen Spritzbeutel füllen und auf 3 Teigbahnen mit etwas Abstand Tupfen spritzen. Mit je 1 Teigbahn bedecken. Den Teig um die Füllung festdrücken und Ravioli ausschneiden. Die fertigen Ravioli in kochendem Salzwasser 4 bis 5 Minuten garen. Sobald sie an die Oberfläche steigen, mit einer Schaumkelle herausheben und abtropfen lassen.

4. Für die Walnussbutter die Butter in einem Topf zerlassen und leicht bräunen. Die Butter vorsichtig salzen und die gehackten Nüsse einrühren.

5. Die Gorgonzola-Ravioli auf vier vorgewärmten Tellern anrichten, mit der Walnussbutter beträufeln, mit Parmesan und Basilikum bestreuen und sofort servieren. Das Chutney separat dazureichen.

„Hauptsache Nudeln – aber es dürfen schon mal selbst gemachte Ravioli mit Käsefüllung sein."

CADEL EVANS

← Lieblingsgericht: Gorgonzola-Ravioli (S. 76)

CADEL EVANS

GEBOREN: 14. Februar 1977 in Katherine (Northern Territory), Australien

AKTUELLES TEAM: BMC Racing Team

ANFÄNGE IM RADRENNSPORT: Cadel Evans begann in frühester Kindheit das Fahrradfahren und fuhr seine ersten Rennen mit 14 Jahren, zunächst als Mountainbiker. 1993 wurde er zum ersten Mal australischer Meister (Cross Country, U17). 1998 und 1999 war er Mountainbike-Weltcup-Champion. 2000 nahm er an den Olympischen Sommerspielen in Sydney teil. 2001 wechselte er endgültig auf die Straße.

GRÖSSTE ERFOLGE: Sieg bei der Tour de France 2011; Etappensieg und Punktewertung Critérium du Dauphiné 2012; 3. Platz in der Gesamtwertung Giro d'Italia 2013; Gesamtwertung, eine Etappe und Mannschaftszeitfahren Giro del Trentino 2014

BESONDERHEITEN: Er gewann das Gelbe Trikot (Tour de France), die Maglia Roso (Giro d'Italia), das Goldene Trikot bei der Vuelta und das Regenbogentrikot des Straßenweltmeisters. Evans kündigte an, im Januar 2015 seine Karriere als Radprofi zu beenden.

FILIPPO POZZATO

GEBOREN: 9. September 1981 in Sandrigo, Italien

AKTUELLES TEAM: Lampre-Merida

ANFÄNGE IM RADRENNSPORT: Filippo Pozzato begann seine Profikarriere im Jahr 2000 beim Team Mapei-Quick Step in der berühmten „Classe di '81", eine Gruppe viel versprechender Fahrer aus dem Jahrgang 1981.

GRÖSSTE ERFOLGE:

EINTAGESRENNEN: Trofeo Laigueglia 2003, 2004 und 2013; Trofeo Matteotti 2003 und 2007; Giro del Lazio 2005; Tour du Haut-Var 2007; E3-Preis 2009; italienischer Meister Straßenrennen 2009; Giro del Veneto 2009; Gran Premio Beghelli 2011; Coppa Agostoni 2013; Grand Prix Ouest France 2013

ETAPPENRENNEN: je einen Etappensieg bei der Tour de France 2004 und 2007; Gesamtsieger Tirreno–Adriatico 2003

BESONDERHEITEN: Er ist Experte für Eintagesrennen.

→ Lieblingsgericht: Frittata (S. 80)

FRITTATA
mit Spinat, Kartoffeln und Tomaten

ZUTATEN
Für die Frittata
1–2 festkochende Kartoffeln (150 g), 35 g Meersalz, 1 rote Zwiebel, 2 Frühlingszwiebeln, 80 g junger Spinat, 1 mittelgroßer Zucchino (120 g), 5 Basilikumblätter, 30 Oliven, 30 g getrocknete Tomaten, 2 EL Olivenöl, Salz, Nadeln bzw. Blätter von je 1 Zweig Rosmarin und Thymian, 60 g Bauernkäse oder mild-würziger Bergkäse, 6 Eier, 3 EL Crème fraîche

ZUBEREITUNGSZEIT
ca. 30 Min., 1 Std. Backen

1. Backofen auf 180 °C (Umluft) vorheizen. Kartoffeln waschen und abtrocknen. Meersalz auf ein Backblech häufen, Kartoffeln daraufsetzen und im Ofen je nach Größe etwa 45 Minuten garen. Kartoffeln herausnehmen, kurz abkühlen lassen, pellen und auskühlen lassen. Die Knollen in etwa 5 mm große Würfel schneiden.

2. Zwiebel schälen und würfeln. Frühlingszwiebeln waschen und putzen. Weißen und grünen Teil getrennt in Ringe schneiden. Spinat putzen, waschen und trocken schleudern. Zucchino waschen, putzen, längs halbieren und in dünne Scheiben schneiden.

3. Die Basilikumblätter waschen, trocken tupfen und in Streifen schneiden. Oliven entsteinen und klein schneiden. Getrockneten Tomaten in kleine Stücke oder feine Streifen schneiden.

4. Das Olivenöl in einer beschichteten Pfanne erhitzen und die Kartoffelwürfel darin 3 Minuten anbraten. Die Zwiebel und den weißen Teil der Frühlingszwiebeln einstreuen und 2 Minuten mitbraten, dann leicht salzen.

5. Spinat, Zucchino, Rosmarin, Thymian, Basilikum, Oliven, Tomaten sowie den grünen Teil der Frühlingszwiebeln in die Pfanne geben und untermengen. Die Gemüsemischung in eine Springform (26 cm Durchmesser) füllen.

6. Käse reiben und gleichmäßig über das Gemüse streuen. Eier mit der Crème fraîche verquirlen und leicht salzen. Die Eimasse über die Gemüsemischung gießen und diese vollständig damit bedecken.

7. Die Frittata im heißen Backofen bei 160 °C (Umluft) in 15 Minuten goldgelb backen, herausnehmen und leicht abkühlen lassen. Die Frittata in Stücke schneiden und servieren.

„Kulinarisch bin ich einfach italienisch geprägt."

FILIPPO POZZATO

MARCEL KITTEL

GEBOREN: 11. Mai 1988 in Arnstadt, Deutschland

AKTUELLES TEAM: Team Giant-Shimano

ANFÄNGE IM RADRENNSPORT: Sein Vater war Radrennfahrer, die Mutter Leichtathletin – mit 13 Jahren beschloss er, Radprofi zu werden, was offenbar die richtige Entscheidung war. Denn bereits 2005 und 2006 wurde er Junioren-Weltmeister im Einzelzeitfahren. Den Sprung zum Profi schaffte er 2010 während seiner Zeit im Thüringer Energie Team.

CHARAKTER: Spontan, ehrlich und ein Teamplayer

GRÖSSTE ERFOLGE:

2011: 17 Siege – die zweitmeiste Zahl an Siegen in dieser Saison und die bis dahin beste Saison eines Neuprofis, darunter eine Etappe bei der Vuelta a España

2012: Sieger bei 13 UCI-Rennen, darunter eine Etappe Étoile de Bessèges; zwei Etappen Tour of Oman; zwei Etappen Eneco Tour

2013: Sieger bei 16 UCI-Rennen, darunter vier Etappen Tour de France, darunter die Schlussetappe mit Zieleinlauf auf den Champs-Élysées

2014: Sieger bei 14 UCI-Rennen, darunter drei Etappen Dubai Tour; Gewinner Scheldeprijs; zwei Etappen Giro d'Italia; vier Etappen Tour de France; eine Etappe Tour of Britain

BESONDERHEITEN: Er trug als 14. deutscher Radsportler das Gelbe Trikot bei einer Tour de France und hat bereits insgesamt acht Etappensiege errungen.

LASAGNE AL FORNO

ZUTATEN FÜR 6 PERSONEN
250 g Lasagneblätter (ohne Vorkochen)
Für die Fleischsauce
3 EL Olivenöl, 500 g Hackfleisch, 1 Zwiebel, 2 Möhren,
2 Stangen Sellerie, Salz, frisch gemahlener Pfeffer, 3 EL Tomatenmark,
500 ml Fleischfond, ½ Bund Petersilie
Für die Béchamelsauce
1 EL Butter, 2 EL Mehl, 500 ml Milch, Salz,
frisch gemahlener weißer Pfeffer, frisch geriebene Muskatnuss,
Butter für die Form,
80 g frisch geriebener Parmesan

ZUBEREITUNGSZEIT
ca. 1 Std. 20 Min., davon 20 Min. Backzeit

1. Für die Sauce das Öl in einer Pfanne erhitzen und das Hackfleisch darin krümelig braten. Die Zwiebel und die Möhren schälen und klein schneiden. Die Selleriestangen waschen, putzen und in dünne Scheiben schneiden.

2. Alles Gemüse zum Hackfleisch geben und kurz mitbraten. Mit Salz und Pfeffer würzen und Tomatenmark unterrrühren. Fleischfond dazugießen.

3. Die Petersilie waschen und trocken schütteln. Die Blättchen abzupfen, hacken und unter die Hackfleischsauce mischen. Die Sauce offen bei mittlerer Hitze etwa 30 Minuten köcheln lassen.

4. Inzwischen für die Béchamelsauce die Butter in einem Topf erhitzen und das Mehl darin anschwitzen. Topf vom Herd nehmen und die Milch unter Rühren zur Mehlschwitze gießen. Wieder auf den Herd stellen und die Sauce unter Rühren kurz aufkochen lassen. Mit Salz, Pfeffer und Muskat würzen. Die Sauce bei schwacher Hitze unter Rühren 5–10 Minuten köcheln lassen.

5. Den Backofen auf 220 °C vorheizen. Den Boden einer Lasagneform mit Butter fetten und mit Lasagneblättern belegen. Darauf erst eine Schicht Hackfleischsauce, dann etwas Béchamelsauce und wieder eine Lage Nudelblätter geben. So weiterverfahren, bis alle Zutaten verbraucht sind, dabei mit einer Schicht Béchamelsauce abschließen. Mit Parmesan bestreuen. Die Lasagne im heißen Ofen (Mitte) etwa 20 Minuten backen.

„Bei Lasagne kann ich nicht widerstehen. Zum Glück schadet bei uns Sprintern ja ein Gramm mehr nicht allzu viel."

MARCEL KITTEL

PIZZA
mit Tomatensugo

ZUTATEN
Für den Teig
300 g Mehl, 1 Prise Salz, 4 EL Olivenöl, ½ Würfel Hefe (21 g), Fett für das Blech
Für den Tomatensugo
1 kg Tomaten, 1 Zwiebel, 1 Knoblauchzehe, 2 EL Olivenöl,
½ Bund Basilikum, Salz, frisch gemahlener Pfeffer, 1 Prise Zucker
Für den Belag
1 Bund Rucola, 150 g Parmaschinken (in Scheiben), 150 g Parmesan

ZUBEREITUNGSZEIT
ca. 2 Std. 30 Min.

1. Für den Pizzateig das Mehl in einer Schüssel mit dem Salz und dem Olivenöl verrühren. In die Mitte eine Mulde drücken. Die Hefe in 150 ml lauwarmes Wasser bröckeln und darin auflösen. Das Hefewasser in die Mulde gießen.

2. Vom Rand her das Mehl mit dem Hefewasser mischen. Alles auf die Arbeitsfläche geben und zu einem geschmeidigen Teig kneten. Diesen zu einer Kugel formen und in die Schüssel legen. Den Teig zugedeckt etwa 45 Minuten gehen lassen, bis sich sein Volumen ungefähr verdoppelt hat.

3. Inzwischen für den Tomatensugo die Tomaten waschen und klein schneiden. Die Zwiebel und den Knoblauch schälen und grob zerkleinern. In einem Topf das Olivenöl erhitzen. Zwiebel und Knoblauch darin andünsten, dann Tomatenstückchen hinzufügen. Das Basilikum waschen und mit den Stängeln dazugeben. Den Sugo offen bei mittlerer Hitze etwa 1 Stunde einköcheln lassen.

4. Den Sugo durch ein Sieb streichen. Mit Salz, Pfeffer und Zucker würzen und kurz abkühlen lassen.

5. Den Backofen auf 200 °C vorheizen. Ein Backblech fetten. Den Pizzateig in der Größe des Blechs ausrollen und auf das Blech legen. Den Teig mit dem Tomatensugo bestreichen und im heißen Ofen (Mitte) etwa 20 Minuten backen.

6. Inzwischen den Rucola waschen und trocken schütteln. Die Schinkenscheiben halbieren. Rucola und Schinken auf der Pizza verteilen. Parmesan darüberhobeln und sofort servieren.

„Ich habe meine Liebe zu Pizza während der Radrennen in Italien entdeckt – als Alternative zu Pasta."

TONY MARTIN

← Lieblingsgericht: Pizza (S. 86)

TONY MARTIN

GEBOREN: 23. April 1985 in Cottbus, Deutschland

AKTUELLES TEAM: Omega Pharma – Quick-Step

BERUFSAUSBILDUNG: Polizeimeister

ANFÄNGE IM RADRENNSPORT: Tony Martin fing relativ spät, im Alter von 14 Jahren, beim RSV Sossenheim mit dem Radsport an. Während der Zeit als U23-Fahrer machte er in der Sportfördergruppe der Polizei eine Ausbildung zum Polizeimeister – falls es mit der Radprofikarriere nicht klappt. Doch mit dem Erfolg kam dann 2008 nach der U23 der Wechsel in ein Profiteam.

GRÖSSTE ERFOLGE: Dreifacher Weltmeister im Zeitfahren der Elite in Folge (2011, 2012 und 2013); Silbermedaille Olympische Spiele 2012; Gold im Teamzeitfahren der WM 2012 und 2013; zwei Etappen Tour de France und eine Etappe Vuelta a España 2014

IVAN BASSO

GEBOREN: 26. November 1977 in Gallarate, Italien

AKTUELLES TEAM: Cannondale Pro Cycling Team

ANFÄNGE IM RADRENNSPORT: 1998 wurde Ivan Basso U23-Weltmeister. Das war der Start seiner Profikarriere. Sein erstes Profiteam war Riso Scotti-Vinavil.

GRÖSSTE ERFOLGE: Etappensieg und Dritter in der Gesamtwertung bei der Tour de France 2004; zwei Etappen Giro d'Italia 2005; Gesamtwertung und vier Etappen Dänemark-Rundfahrt 2005; Gesamtwertung beim Giro d'Italia 2006 und 2010

→ **Lieblingsgericht: Safranrisotto (S. 90)**

SAFRANRISOTTO
mit grünem Spargel

ZUTATEN
Für den Risotto
1,5 l Gemüsefond, 2 Schalotten, 1 Stange Sellerie, 50 g Butter,
400 g Risottoreis (z. B. Vialone), 150 ml Weißwein, Salz,
frisch gemahlener Pfeffer, 1 Döschen gemahlener Safran (0,1 g)
Für den Spargel
300 g dünner grüner Spargel, 1 kleine weiße Zwiebel,
4 Kirschtomaten, 30 g Butter, Salz, frisch gemahlener Pfeffer
schwarze Trüffeln nach Belieben

ZUBEREITUNGSZEIT
ca. 1 Std.

1. Für den Risotto den Fond erhitzen. Die Schalotten schälen, den Sellerie putzen und beides sehr fein würfeln. In einem Topf die Butter zerlassen und die Schalotten mit dem Sellerie darin glasig dünsten. Den Reis hineinrieseln lassen und unter Rühren glasig braten, dabei sollen weder Reis noch Gemüse bräunen.

2. Den Wein dazugießen und bei mittlerer Hitze weiterrühren, bis er fast völlig vom Reis aufgenommen ist. Dann nach und nach heißen Fond dazugießen und einkochen lassen. Immer erst Fond nachgießen, wenn alle Flüssigkeit vom Reis aufgenommen ist. Den gegarten Reis mit Salz, Pfeffer und Safran würzen.

3. Während der Risotto gart, vom Spargel die Enden abschneiden und die Stangen im unteren Drittel schälen. Die Stangen in etwa 5 cm lange Stücke schneiden. Die Zwiebel schälen und fein würfeln. Die Tomaten waschen, quer halbieren und von den Stielansätzen befreien.

4. Die Butter in einem Topf zerlassen. Die Zwiebel darin glasig dünsten. Die Spargelstücke dazugeben und bei schwacher Hitze 6–8 Minuten mitdünsten. Tomaten untermischen und 1–2 Minuten mitgaren. Das Gemüse mit Salz und Pfeffer würzen. Risotto mit dem Spargel und den Tomaten auf Tellern anrichten. Nach Belieben schwarze Trüffeln darüberhobeln und servieren.

„Der Risotto alla milanese stammt aus meiner Heimat, der Lombardei. Sehr gut schmeckt er auch mit Cotoletta, Kalbsschnitzel."

IVAN BASSO

JOAQUIM RODRÍGUEZ OLIVER

GEBOREN: 12. Mai 1979 in Barcelona, Spanien

SPITZNAME: Purito (kleine Zigarre)

AKTUELLES TEAM: Katusha Team

ANFÄNGE IM RADRENNSPORT: Seinen Start als Radsportler hatte Joaquim Rodriguez beim Amateurteam Iberdrola. 2001 schaffte er den Sprung ins Profiteam ONCE-Eroski.

GRÖSSTE ERFOLGE:

Erfolgreichster Radfahrer aus seinem Team, gewann 26-mal innerhalb von vier Jahren

2005: Bergwertung Vuelta a España

2006: Eine Etappe Paris–Nizza

2007: Spanischer Meister Straßenrennen

2008: Eine Etappe Tirreno–Adriatico

2009: Eine Etappe Tirreno–Adriatico; eine Etappe Vuelta a Burgos

2010: Je eine Etappe Tour de France und Vuelta a España;
eine Etappe Vuelta al País Vasco;
Sieger Gesamtwertung Volta a Catalunya;
Gewinner der Einzelwertung der UCI World Tour

2011: Zwei Etappen Vuelta a España;
eine Etappe und Gesamtwertung Burgos-Rundfahrt;
zwei Etappen, Berg- und Punktewertung Critérium du Dauphiné

2012: Zwei Etappen und Rotes Trikot des Punktbesten beim Giro d'Italia;
3. Platz in der Gesamtwertung und drei Etappen Vuelta a España;
Gewinner Lombardei-Rundfahrt;
Gewinner Einzelwertung der UCI World Tour

2013: Eine Etappe Tour of Oman; eine Etappe Tirreno–Adriatico;
eine Etappe Vuelta a España;
3. Platz in der Gesamtwertung bei der Tour de France;
Gewinner der Lombardei-Rundfahrt;
Gewinner der Einzelwertung UCI World Tour

2014: Eine Etappe und Gesamtwertung Volta Ciclista a Catalunya;
4. Platz in der Gesamtwertung bei der Vuelta a España

BESONDERHEITEN: Er stand bei allen drei Grands Tours einmal auf dem Treppchen. Sein Spitzname „Purito" stammt aus seiner Zeit bei ONCE-Eroski. Er überholte seine Teamkollegen beim Training auf einem Anstieg und machte sich dabei über sie lustig, indem er so tat, als würde er eine Zigarre rauchen. Am Abend nach dem Training rächten sich seine Kollegen, und er musste eine echte Zigarre rauchen.

PAELLA VALENCIANA

ZUTATEN

½ küchenfertiges Hähnchen (ca. 500 g), je 400 g Venus- und Herzmuscheln, 12 Kaisergranate (Scampi), 1 rote Paprikaschote, 3 Zwiebeln, 2 Knoblauchzehen, 2 Stangen Sellerie, 100 g grüne Bohnen, 400 g Tomaten, 200 g Erbsen in der Schote, 6 EL Olivenöl, 400 g Rundkornreis, Salz, frisch gemahlener Pfeffer, 1 TL edelsüßes Paprikapulver, 1 l Geflügelfond, 1 Döschen Safran (0,1 g), 200 g kleine geputzte Garnelen, gehackte Petersilie

ZUBEREITUNGSZEIT

ca. 1 Std.

1. Den Backofen auf 180 °C vorheizen. Das Hähnchen in 4 Teile portionieren. Die Muscheln waschen, geöffnete Exemplare wegwerfen. Von 8 Kaisergranaten die Schwänze abdrehen, die übrigen zum Garnieren beseitelegen.

2. Paprikaschote im Ofen rösten, bis die Haut schwarz wird. Herausnehmen, in einem Gefrierbeutel abkühlen lassen, dann häuten. Samen sowie Trennwände entfernen. Fruchtfleisch in Streifen schneiden.

3. Zwiebeln und Knoblauch hacken. Sellerie putzen und in Scheiben schneiden. Bohnen in Stücke brechen. Tomaten häuten, vierteln, das Fruchtfleisch in Würfel schneiden. Erbsen palen.

4. Öl in einer Pfanne erhitzen. Zwiebeln und Knoblauch darin glasig dünsten. Die Hähnchenteile hinzufügen und rundherum anbraten.

5. Das Gemüse, bis auf die Erbsen, in die Pfanne geben und 5 Minuten mitbraten. Reis hinzufügen und unter Rühren glasig braten. Alles mit Salz, Pfeffer und Paprikapulver würzen.

6. Den Fond erhitzen und den Safran darin auflösen. Den Fond in die Pfanne gießen. Alles 15 Minuten köcheln lassen, dabei gelegentlich schwenken.

7. Den Backofen auf 200 °C vorheizen. Anschließend die Erbsen, die Garnelen, die Kaisergranatschwänze, die ganzen Kaisergranate und die geputzten Muscheln auf dem Reis verteilen.

8. Die Pfanne in den heißen Ofen (Mitte) schieben und die Paella in 15–20 Minuten fertig garen. Falls nötig, noch etwas Fond dazugießen. Mit Petersilie bestreuen und servieren.

Tipp:
In die traditionelle Paella valenciana kommt nur Fleisch, die Variante mit Fisch und Meeresfrüchten ist eine moderne Variante.

„Als Spanier liebe ich Paella. Die beste gibt es im Restaurant Can Manel in Andorra."

JOAQUIM RODRÍGUEZ OLIVER

KARTOFFELSALAT
mit Trüffelöl – zu Fleisch und Fisch

ZUTATEN

800 g kleine festkochende Kartoffeln, Salz

Für die Marinade

4 Schalotten, 300 ml Geflügelfond,
6–8 EL heller Aceto balsamico, 2 Eigelb,
Salz, frisch gemahlener Pfeffer,
4 EL Traubenkernöl, 4–6 EL Trüffelöl,
1–2 Römersalatherzen, 150 g Kirschtomaten, 1 Bund Kerbel

ZUBEREITUNGSZEIT

ca. 1 Std.

1. Die Kartoffeln waschen und in Salzwasser in 15–20 Minuten gar kochen.

2. Inzwischen für die Marinade die Schalotten schälen und fein würfeln. Den Geflügelfond in einem großen Topf aufkochen lassen, die Schalotten hinzufügen und 3 Minuten im Fond garen. Den Topf vom Herd nehmen und den Aceto balsamico unter den Fond rühren.

3. Die Eigelbe in einer Tasse verquirlen und mit einem Schneebesen ebenfalls unter den heißen Fond rühren. Das Ganze unter Rühren 2 Minuten erhitzen, aber nicht kochen lassen. Die Marinade mit Salz und Pfeffer würzen. Vom Herd nehmen; erst das Traubenkernöl, dann das Trüffelöl darunterschlagen.

4. Die Kartoffeln abgießen, abschrecken und pellen. In 5 mm dicke Scheiben direkt in den Topf zur Marinade schneiden und vorsichtig untermischen. Die Kartoffeln zugedeckt mindestens 30 Minuten durchziehen lassen.

5. Inzwischen den Salat putzen und in 2 cm breite Streifen schneiden. Die Kirschtomaten waschen und quer halbieren. Die Kerbelblättchen von den Stängeln zupfen (nicht hacken). Salat, Tomaten und Kerbel unter den Kartoffelsalat heben.

Tipp:
Der Kartoffelsalat passt sehr gut als Beilage zu Fleischgerichten, z. B. zum T-Bone-Steak (siehe Rezept Seite 154) oder zum Schnitzel (siehe Rezept Seite 138) oder zu gebratenem Fisch.

„Radfahrer brauchen eine ausgewogene Ernährung. Die Tomaten bringen Vitamine, das Trüffelöl ist zugegebenermaßen Luxus"

BJÖRN THURAU

← Lieblingsgericht: Kartoffelsalat mit Trüffelöl (S. 96)

BJÖRN THURAU

GEBOREN: 23. Juli 1988 in Frankfurt am Main, Deutschland

AKTUELLES TEAM: Europcar

ANFÄNGE IM RADRENNSPORT: Björn Thurau ist der Sohn des ehemaligen Radprofis Dietrich (Didi) Thurau. Mit zehn Jahren trat er dem RV Henninger Sossenheim bei, dem Heimatverein von Fabian Wegmann. Seine ersten Rennen fuhr er für das Team Mapei, ab 2006 ging er für das Fricktaler Cyclingteam in der Schweiz an den Start. 2008 begann seine Profikarriere beim österreichischen Professional Continental Team Elk Haus-Simplon.

GRÖSSTE ERFOLGE: GP Rüebliland und Sprintwertung Friedensfahrt 2006 (beides U19);
Nachwuchswertung Paris–Corrèze 2011;
Gewinner der Bergwertung Tour de Suisse 2014

DOMINIK NERZ

GEBOREN: 25. August 1989 in Wangen, Deutschland

AKTUELLES TEAM: BMC Racing Team

ANFÄNGE IM RADRENNSPORT: In der Juniorenklasse konnte Dominik Nerz einige Erfolge verbuchen, darunter eine Etappe und die Gesamtwertung des Giro di Toscana 2006 und 2007 die Gesamtwertung bei der Tour du Valromey. 2009 kam er zum Team Continental Team Milram, 2010 zum UCI Pro Team Milram. 2011 und 2012 war er beim italienischen Team Liquigas-Cannondale als Helfer bei der Vuelta a España und bei der Tour de France dabei.

GRÖSSTE ERFOLGE: Sieg bei der Deutschen Straßenmeisterschaft 2009 (U23); trat erstmals 2013 als Kapitän bei der Vuelta a España auf

→ **Lieblingsgericht: Bratkartoffeln (S. 100)**

BRATKARTOFFELN
– als Begleiter zu Fleisch und Fisch

ZUTATEN FÜR JE 2 PORTIONEN

Für die Bratkartoffeln mit Physalis

500 g festkochende Kartoffeln (Nikola oder Sieglinde), 2 rote Zwiebeln, 10 Physalis, 2 Stängel Minze, 4 Essiggurken, 3 EL Öl, Salz, 1 TL Kreuzkümmelsamen (nach Belieben zerstoßen), 1 TL Tandooripulver (aus dem Asialaden), 1 EL Butter

Für die Süßkartoffeln mit Nektarinen

500 g Süßkartoffeln, 3 rote Schalotten, 3 EL Öl, Salz, 1 TL Currypulver, 1 EL Kürbiskerne, 2 Nektarinen, 2 Stängel Salbei, 1 EL Butter, 1 EL frisch geriebener Meerrettich (ersatzweise Meerrettich aus dem Glas)

ZUBEREITUNGSZEIT

je ca. 30 Min.

1. Für die Bratkartoffeln mit Physalis die Kartoffeln waschen, schälen, halbieren und in etwa 3 mm dicke Scheiben schneiden. Die Zwiebeln schälen und in feine Streifen schneiden. Die Physalis aus den Hüllblättern lösen, kurz abspülen und trocken tupfen. Die Minze waschen, trocken schütteln, die Blätter abzupfen und fein schneiden. Die Essiggurken in feine Würfel schneiden.

2. Das Öl in einer Pfanne erhitzen und Kartoffeln und Zwiebeln darin braten, bis die Kartoffeln goldgelb und weich sind, dabei mehrmals wenden. Die Kartoffeln mit Salz, Kreuzkümmel und Tandooripulver würzen. Physalis, Minze, Essiggurken und Butter zu den Kartoffeln geben, alles gut durchschwenken und warm servieren.

3. Für die Süßkartoffeln mit Nektarine die Süßkartoffeln waschen, schälen und in kleine Würfel schneiden. Die Schalotten schälen und in feine Streifen schneiden. Das Öl in einer Pfanne erhitzen, beides darin unter Rühren anbraten und mit Salz und Currypulver würzen. Die Kürbiskerne unterheben und die Süßkartoffeln bissfest braten.

4. In der Zwischenzeit die Nektarinen waschen, abtrocknen, vierteln und entsteinen. Die Viertel in feine Scheiben schneiden. Den Salbei waschen, trocken schütteln, die Blätter abzupfen und in feine Streifen schneiden. Nektarinen, Salbei, Butter und Meerrettich zu den Süßkartoffeln geben, alles gut durchschwenken, auf Tellern anrichten und heiß servieren.

Tipp:
Probieren Sie eine der Varianten zum T-Bone-Steak (siehe Rezept Seite 154).

> „Bratkartoffeln und Rösti erinnern mich an die Zeit zu Hause in den Bergen. Das habe ich öfter beim Skifahren gegessen."

DOMINIK NERZ

FISCH & MEERESFRÜCHTE

SAIBLING
mit Schwarzwurzeln

ZUTATEN

Für das Schwarzwurzelgemüse

1 kg Schwarzwurzeln, 1 Zitrone, 1 EL Mehl, Salz, 100 ml trockener Wermut, 100 g Sahne, 4 TL Mehlbutter (Butter mit etwas Mehl verknetet), 4 TL kalte Butter, 2 EL Crème fraîche, Salz, 1 Msp. Cayennepfeffer, 2 EL gehackter Kerbel

Für die Rotwein-Butter-Sauce

4 Schalotten, 100 ml Portwein, 100 ml Spätburgunder, 1 Lorbeerblatt, 1 Zweig Thymian, Salz, frisch gemahlener Pfeffer, 4 TL kalte Butter

Für den Saibling

4 Saiblingfilets (je 80 g; mit Haut), Salz, 1–2 EL Zitronensaft, frisch gemahlener weißer Pfeffer, Distelöl zum Braten

ZUBEREITUNGSZEIT

ca. 1 Std. 15 Min.

1. Schwarzwurzeln waschen. Zitrone auspressen. In einem Topf 2 EL Zitronensaft mit Wasser mischen und Mehl einrühren, dann die Schwarzwurzeln schälen und sofort ins Wasser legen, damit sie sich nicht verfärben. Salzwasser mit dem restlichen Zitronensaft aufkochen. Die Wurzeln in Streifen schneiden und in etwa 20 Minuten im Zitronenwasser bissfest kochen, abgießen und den Sud dabei auffangen. Nicht abschrecken.

2. Den Wermut mit 100 ml Schwarzwurzelkochsud mischen und auf die Hälfte einkochen. Sahne dazugeben und die Sauce mit Mehlbutter binden. Kalte Butter und Crème fraîche unterrühren und mit Salz und Cayennepfeffer würzen. Die Sauce durch ein Sieb passieren und die Schwarzwurzeln unterheben. Mit gehacktem Kerbel abschmecken.

3. Für die Sauce Schalotten würfeln, in Salzwasser aufkochen, abgießen und in einem kleinen Topf mit Portwein, Spätburgunder, Lorbeerblatt und Thymian mischen. Die Flüssigkeit auf ein Viertel reduzieren. Durch ein Sieb abgießen, abschmecken und Butter untermixen.

4. Die Saiblingfilets mit Salz, Zitronensaft und Pfeffer würzen und in Öl auf der Hautseite kross anbraten. Die Fischfilets auf den Schwarzwurzeln anrichten und mit Sauce beträufeln.

„Um die Ecke gibt es einen Fischteich. Nach dem Training nehme ich da gern ein oder zwei Fische fürs Abendessen mit."

STEFAN DENIFL

← Lieblingsgericht: Saibling mit Schwarzwurzeln (S. 104)

STEFAN DENIFL

GEBOREN: 20. September 1987 in Fulpmes, Österreich

AKTUELLES TEAM: IAM Cycling

ANFÄNGE IM RADRENNSPORT: Stefan Denifl begann 2001 als Mountainbiker im Team Bike Denifl, wechselte dann zwei Jahre später auf die Straße. Seit 2006 fährt er als Profi für verschiedene Teams.

GRÖSSTE ERFOLGE: Österreichischer Meister Einzelzeitfahren und Straße 2007;
Österreichischer Meister Einzelzeitfahren (Elite und U23) 2008;
Sieger Internationale Thüringen Rundfahrt 2009; 5. Platz Grand Prix Cycliste de Montréal 2011;
7. Platz Gesamtwertung Paris–Nizza 2014

LAURENS TEN DAM

GEBOREN: 13. November 1980 in Zuidwolde, Niederlande

AKTUELLES TEAM: Belkin

ANFÄNGE IM RADRENNSPORT: Mit 15 Jahren begeisterte sich Laurens ten Dam für das Radrennfahren und wurde schließlich 2002 Profi für das Team Rabobank.

GRÖSSTE ERFOLGE: 8. Platz Gesamtwertung Deutschland Tour 2007; eine Etappe Critérium International 2008; 8. Platz Gesamtwertung Vuelta a España 2012

BESONDERHEITEN: Er ist ein Bergspezialist und fährt nach dem Motto: je steiler, desto besser. Seine enorme Ausdauer stellt er in 100 Rennen in der Saison unter Beweis.

→ **Lieblingsgericht: Knurrhahn vom Grill (S. 108)**

KNURRHAHN
vom Grill mit Kräuterbutter

ZUTATEN
Für die Kräuterbutter
50 g rote Paprikaschote, 125 g weiche Butter,
3 TL gehackte glatte Petersilie, 1 TL Thymianblättchen,
1 Msp. rosenscharfes Paprikapulver,
Zitronensaft, Salz
Für den Knurrhahn
je 12 lange, dünne Zucchini- und Auberginenscheiben, Olivenöl
8 Knurrhahnfilets, Salz, Zitronensaft
Pergamentpapier, Küchengarn

ZUBEREITUNGSZEIT
ca. 1 Std. 40 Min.

1. Paprikaschote mit einem Sparschäler schälen, halbieren, Samen und Trennwände entfernen. Das Fruchtfleisch fein würfeln, blanchieren, in Eiswasser abschrecken und gut abtropfen lassen.

2. Für die Kräuterbutter Butter schaumig schlagen. Kräuter, Paprikapulver und Paprikawürfel unterrühren. Die Buttermischung mit Zitronensaft und Salz abschmecken, anschließend kalt stellen.

3. Die Zucchini- und Auberginenscheiben für den Fisch auf dem Tepangrill 5–10 Minuten in heißem Olivenöl anbraten, damit sie sich besser biegen lassen. Nun je 3 Gemüsescheiben abwechselnd nebeneinanderlegen, je 1 Filet daraufsetzen und beides mit Salz und Zitronensaft würzen. Die Filets in das Gemüse einschlagen und mit Küchengarn sorgfältig umwickeln.

4. Wenn alle Filets eingepackt sind, auf dem Grill von jeder Seite 6–10 Minuten grillen. Das Küchengarn entfernen und die Filets mit der Kräuterbutter servieren.

„Ich liebe Grillen – im Sommer und im Winter. Fisch ist dabei eine gute Alternative zum vielen Fleisch, das sonst auf den Grill kommt."

LAURENS TEN DAM

FORELLE MÜLLERIN

ZUTATEN

4 küchenfertige Bachforellen (je 350 g; oder Lachsforellen),
feines Meersalz, frisch gemahlener Pfeffer,
Saft von 2 Zitronen, etwas Mehl, 50 ml Erdnussöl,
120 g Butter, 3 EL Kalbsjus (aus dem Glas),
3 EL Worcestershire Sauce, 3 EL gehackte Petersilie,
8 Scheiben einer sauber geschälten Zitrone

ZUBEREITUNGSZEIT
ca. 25 Min.

1. Kiemen entfernen und Forellen unter fließendem kaltem Wasser abwaschen und sorgfältig mit Küchenpapier trocken tupfen. Die Fische von innen und außen mit Meersalz, frisch gemahlenem Pfeffer und etwa der Hälfte des Zitronensafts würzen. In Mehl wenden, überschüssiges Mehl gut abklopfen.

2. Erdnussöl in einer großen Pfanne erhitzen und die Forellen darin von jeder Seite in 4 Minuten goldbraun braten. Kurz abtropfen lassen und auf vorgewärmten Tellern anrichten.

3. Das Bratfett abgießen und die Butter in der Pfanne aufschäumen lassen. Kalbsjus, Worcestershire Sauce und den restlichen Zitronensaft zusammen kurz aufkochen lassen und die Forellen damit beträufeln. Die fein gehackte Petersilie über die Fische streuen und mit den Zitronenscheiben garnieren.

„Frischer Fisch ist gesund und einfach zuzubereiten. Das schafft man sogar noch nach einigen Radkilometern."

SIMON GESCHKE

← Lieblingsgericht: Forelle Müllerin (S. 110)

SIMON GESCHKE

GEBOREN: 13. März 1986 in Berlin, Deutschland

AKTUELLES TEAM: Team Giant-Shimano

ANFÄNGE IM RADRENNSPORT: Simon Geschke begann mit dem Radfahren schon als Kind. Seit 1997 ist er aktiv, seinen ersten Profivertrag unterschrieb er 2009 bei Skil-Shimano. Sein Vater Hans-Jürgen Geschke war Bahnsprintweltmeister für die DDR.

GRÖSSTE ERFOLGE: Gewinner Nachwuchswertung Étoile de Bessèges 2009;
4. Platz Bayern-Rundfahrt 2010;
eine Etappe Critérium International 2011;
Sieg Großer Preis des Kantons Aargau 2014;

BESONDERHEITEN: Er ist Experte für Rundfahrten und vom Fahrertyp ein Kletterer.

MATTEO TRENTIN

GEBOREN: 2. August 1989 in Borgo Valsugana, Italien

AKTUELLES TEAM: Omega Pharma-Quick-Step

ANFÄNGE IM RADRENNSPORT: Matteo Trentin wurde 2007 Junioren-Weltmeister im Cyclocross. Auf der Straße fährt er seit 2010 und schaffte es 2011 in ein Profiteam.

GRÖSSTE ERFOLGE: Italienischer Meister im Straßenrennen 2011; je eine Etappe der Tour de France 2013 und 2014; eine Etappe Tour de Suisse 2014

BESONDERHEITEN: 2013 war er Helfer für Cavendish beim Giro d'Italia und der Tour de France. Bei der Tour war er an den beiden Siegen Cavendishs wesentlich beteiligt und konnte sogar selbst eine Etappe gewinnen.

→ Lieblingsgericht: Scholle mit Speckkartoffeln (S. 114)

SCHOLLE
mit Speckkartoffeln

ZUTATEN
4 küchenfertige Schollen (je 400 g), 300 g Bauchspeck,
12 Scheiben Frühstücksspeck, 750 g Kartoffeln,
8–10 EL Öl, 4 EL Mehl, Salz, frisch gemahlener Pfeffer, ½ Bund Petersilie

ZUBEREITUNGSZEIT
ca. 1 Std.

1. Die Schollen innen und außen unter kaltem Wasser abspülen und trocken tupfen. Die Fische auf der dunklen Oberseite mehrmals schräg zur Mittelgräte hin einschneiden.

2. Den Bauchspeck würfeln, die Speckscheiben in dünne Streifen schneiden. Die Kartoffeln schälen und sehr klein würfeln.

3. Das Öl in einer großen Pfanne erhitzen. Die Schollen auf beiden Seiten mit Mehl besieben. Anschließend in die Pfanne geben und auf beiden Seiten bei schwacher Hitze in je 5 Minuten knusprig braten.

4. Bauchspeck und Speckstreifen in einer zweiten Pfanne auslassen. Die Kartoffelwürfel hinzufügen; alles zusammen 10–15 Minuten braten. Die Speckkartoffeln salzen und pfeffern.

5. Die Petersilie waschen und trocken schütteln. Die Blätter abzupfen, hacken und unter die Speckkartoffeln mischen.

6. Die Schollen auf vorgewärmte Teller gleiten lassen und die Speckkartoffeln darauf anrichten. Dazu passen Kartoffelsalat und Kopfsalat.

„Der Speck gibt dem Fisch ein volles Aroma. Der beste Speck kommt natürlich aus meiner Heimat."

MATTEO TRENTIN

FISCHCURRY

ZUTATEN

40 g Tamarindenmark, 1 EL Zitronensaft, 250 g Okraschoten,
350 g Tomaten, 1 Zwiebel, 2 Knoblauchzehen,
10 g frischer Ingwer, je 2 rote und grüne Chilischoten,
5 EL Öl, 400 ml Kokosmilch, 1 TL Salz, 1 TL Zucker, 10–15 frische Curryblätter,
4 Fischsteaks (je ca. 200 g; z. B. Red Snapper oder anderes weißes Fischfleisch)

Für die Currypaste

je ½ TL frisch gemahlener schwarzer Pfeffer und gemahlene getrocknete Chilischoten,
3 EL gemahlener Koriander, 2 EL gemahlener Kreuzkümmel,
1 ½ TL gemahlene Kurkuma

ZUBEREITUNGSZEIT

ca. 1 Std.

1. Tamarindenmark mit 125 ml Wasser übergießen, kneten und 15 Minuten ziehen lassen.

2. Wasser in eine Schüssel füllen und mit Zitronensaft mischen. Okraschoten waschen und am Stielansatz mit einem scharfen Messer zuspitzen; dabei das Fruchtfleisch nicht verletzten. Die Okraschoten bis zur Weiterverwendung in das Zitronenwasser legen.

3. Für die Currypaste Pfeffer, Chili, Koriander, Kreuzkümmel und Kurkuma mischen und mit 80 ml Wasser zu einer glatten Paste verrühren.

4. Tomaten blanchieren und häuten. Stielansätze und Samen entfernen und das Fruchtfleisch klein würfeln. Die Zwiebel, den Knoblauch und den Ingwer schälen. Alles in feine Scheiben schneiden. Die Chilischoten halbieren und von Samen und Trennwänden befreien.

5. Das Öl im Wok oder in einer hohen Pfanne erhitzen. Zuerst Ingwer darin hellbraun braten, dann Knoblauch 1 Minute mitbraten. Zwiebel und Chilis hinzufügen und glasig braten. Currypaste unterrühren und 4–5 Minuten mitbraten.

6. Die Okraschoten abgießen, gut abtropfen lassen und mit den Tomaten zur Würzmischung geben. Tamarindenmark durch ein Sieb dazupassieren.

7. Kokosmilch und 100 ml Wasser untermischen. Das Curry aufkochen lassen, mit Salz und Zucker abschmecken, dann die Curryblätter hinzufügen und das Gericht 5 Minuten offen köcheln lassen.

8. Fischsteaks trocken tupfen. In das Curry legen und zugedeckt in 6–8 Minuten gar ziehen lassen. Abschmecken und mit Basmatireis servieren.

> „Wenn ich nach der Tour de France wieder zu Hause bin, freue ich mich, mit Freunden und Familie gemeinsam zu essen."

JÜRGEN ROELANDTS

← Lieblingsgericht: Fischcurry (S. 116)

JÜRGEN ROELANDTS

GEBOREN: 2. Juli 1985 in Asse, Belgien

AKTUELLES TEAM: Lotto-Belisol

ANFÄNGE IM RADRENNSPORT: Den ersten Erfolg konnte Jürgen Roelandts 2002 erringen: Er wurde belgischer Juniorenmeister im Straßenrennen. Im Nachwuchsteam Jong Vlaanderen sammelte er weiter Erfahrung, 2007 gewann er als U23-Fahrer den Klassiker Paris–Tours. Seit 2008 ist er Profi.

GRÖSSTE ERFOLGE: Belgischer Meister im Straßenrennen 2008; eine Etappe Polen-Rundfahrt 2008; eine Etappe Luxemburg-Rundfahrt 2012; Sieger Gesamtwertung Eurométropole Tour 2012; eine Etappe Tour Méditerranéen 2013

BESONDERHEIT: Während der Tour Down Under 2012 brach sich Roelandts einen Halswirbel, trat trotzdem bei den Olympischen Spielen in London an und erreichte den 7. Platz im Straßenrennen.

RAFAL MAJKA

GEBOREN: 12. September 1989 in Zegartowice, Polen

AKTUELLES TEAM: Tinkoff-Saxo

ANFÄNGE IM RADRENNSPORT: Rafal Majka begann mit dem Radsport 2007 beim Krakauer Sportverein WLKS Krakus Swoszowice. Ein Jahr darauf fuhr er weiter als Amateur für italienische Mannschaften. 2011 erhielt er einen Profivertrag und nahm erstmals an der Vuelta a España teil. Beim Giro d'Italia 2013 überzeugte er durch seine Leistungen am Berg und verpasste knapp das Weiße Trikot des besten Nachwuchsfahrers.

GRÖSSTE ERFOLGE: Zwei Etappen und Bergwertung Tour de France 2014; zwei Etappen und Gesamtwertung Tour de Pologne 2014

→ **Lieblingsgericht: Panierter Fisch mit Kartoffelsalat (S. 120)**

PANIERTER FISCH
mit Kartoffelsalat

ZUTATEN
Für den Kartoffelsalat
800 g kleine festkochende Kartoffeln, Salz, 200–250 ml Geflügelfond, 4 EL Weißweinessig, 1 EL Dijonsenf, frisch gemahlener Pfeffer, 1 Prise Zucker, je 3 EL Olivenöl und Traubenkernöl, 2 Schalotten, 1 großes Bund Kräuter für Frankfurter Grüne Sauce (Schnittlauch, Kresse, Petersilie, Kerbel, Sauerampfer, Pimpinelle, Borretsch), 2 Bund Radieschen

Für den Fisch
800 g Fischfilet ohne Haut (z. B. Lengfisch, Rotbarsch, Seelachs), Salz, frisch gemahlener Pfeffer, 50 g Mehl, 2 Eier, 2 EL Sahne, 80 g Semmelbrösel, 50 g Butterschmalz

ZUBEREITUNGSZEIT
ca. 1 Std.

1. Kartoffeln waschen und in 15–20 Minuten in Salzwasser weich kochen. Inzwischen 200 ml Geflügelfond mit Weißweinessig, Senf, Salz, Pfeffer und Zucker verrühren; beide Ölsorten mit einem Schneebesen unterschlagen.

2. Schalotten schälen, fein würfeln und unter die Marinade heben. Kräuter waschen und trocken schütteln. Blättchen abzupfen, hacken und ebenfalls unter die Marinade heben. Radieschen putzen, in dünne Scheiben schneiden und zur Marinade geben.

3. Kartoffeln abgießen, abschrecken und pellen. In 5 mm dicke Scheiben direkt in die Marinade schneiden und mischen. Zugedeckt beiseitestellen.

4. Das Fischfilet abspülen, trocken tupfen und eventuell entgräten. In 8 gleich große Stücke schneiden und diese rundherum salzen und pfeffern. Das Mehl auf einen Teller geben, Eier und Sahne jeweils in einem tiefen Teller verschlagen. Die Brösel auf einen dritten Teller geben.

5. Die Fischfiletstücke im Mehl wenden, überschüssiges Mehl abklopfen, dann in den Eiern und danach in den Bröseln wenden, dabei die Brösel gut andrücken.

6. Das Butterschmalz in einer großen Pfanne erhitzen und die Fischstücke darin bei mittlerer Hitze auf jeder Seite 3–4 Minuten braten. Den Kartoffelsalat durchmischen; eventuell noch etwas Geflügelfond dazugeben. Den Salat zum gebratenen Fisch servieren.

„Dieses Gericht gibt es außerhalb der Rennphase. Während der Rennen werden wir von unserer Köchin Hanna grandios bekocht."

RAFAL MAJKA

ANDRÉ GREIPEL

GEBOREN: 16. Juli 1982 in Rostock, Deutschland

SPITZNAME: Gringo

AKTUELLES TEAM: Lotto Belisol

AUSBILDUNG: Bürokaufmann

ANFÄNGE IM RADRENNSPORT:
André Greipel kam zum Radsport, als der PSV Rostock junge Nachwuchsfahrer suchte. Als Juniorfahrer konnte er bereits zwei Deutsche-Meister-Titel erringen und war als U23-Fahrer erfolgreich bei nationalen und internationalen Rundfahrten. So gewann er 2002 die Sprintwertung der Thüringen-Rundfahrt. Im Jahr 2005 schließlich begann er seine Profikarriere. Die erste Station war das Team Mobile. 2006 trat er bei der Vuelta España an und verpasste knapp einen Etappensieg.

GRÖSSTE ERFOLGE:

2008: Sieger Gesamtwertung und vier Etappensiege bei der Tour Down Under; zwischenzeitlich Führender der Einzelwertung der UCI Pro Tour als erster Deutscher

2009: Eine Etappe Polen-Rundfahrt; vier Etappen und Grünes Trikot Punktewertung Vuelta a España; Gewinner Paris–Bourges

2010: Oranges Trikot Gesamtwertung, Grünes Trikot Punktewertung und drei Etappen Tour Down Under; eine Etappe Giro d'Italia; zwei Etappen Polen-Rundfahrt; zwei Etappen Eneco Tour; drei Etappen Britannien-Rundfahrt

2011: Zwei Etappen und Punktewertung Belgien-Rundfahrt; eine Etappe Tour de France; zwei Etappen Eneco Tour; Bronzemedaille Weltmeisterschaft im Straßenrennen

2012: Drei Etappen und Punktewertung Belgien-Rundfahrt; zwei Etappen und Punktewertung Luxemburg-Rundfahrt; drei Etappen Tour de France

2013: Gewinner Santos Tour Down Under 2013 People's Choice Classic; drei Etappensiege Tour Down Under; Deutscher Meister 2013; Etappensieg Tour de France; Etappensieg Eneco-Tour; Gewinner Brussels Cycling Classic

2014: Zwei Etappensiege Tour Down Under; Etappensieg Tour of Qatar; drei Etappensiege Tour of Oman; Deutscher Meister 2014; Etappensieg Tour de France; Gewinner Brussels Cycling Classic

BESONDERHEITEN: Nach einem Teamwechsel zu Omega Pharma-Lotto im Jahr 2011 nahm André Greipel erstmals an der Tour de France teil. Er konnte sich auf der 10. Etappe im Sprint gegen Mark Cavendish durchsetzen und den Etappensieg sichern. Er zählt heute zu den weltbesten Sprintern.

GARNELEN
mit grünen Tagliatelle und Spargel

ZUTATEN

16 rohe Garnelenschwänze, 2 reife Strauchtomaten,
1 Zwiebel, 2 Knoblauchzehen, 50 g Möhre (alles geschält),
50 g Staudensellerie, geputzt, 2–3 EL Olivenöl, 1 TL Tomatenmark, 10 ml Cognac,
600 ml Fischfond (aus dem Glas), 1 Lorbeerblatt,
1 TL helle Senfkörner, 5 Pfefferkörner, 12 Stangen grüner Spargel,
Salz, 1 Prise Zucker, 1 Schalotte, gewürfelt, 1 roter Peperoncino, gewürfelt,
frisch gemahlener Pfeffer, Saft von 1 Zitrone, 50 g kalte Butterwürfel, 400 g grüne Tagliatelle

ZUBEREITUNGSZEIT
ca. 2 Std.

1. Garnelenschwänze schälen, am Rücken leicht einschneiden und jeweils den Darm entfernen. Schalen (Karkassen) abspülen und abtropfen lassen. Garnelenschwänze quer in Scheiben schneiden und kühl stellen. Die Tomaten kreuzweise einritzen, 15 Sekunden blanchieren, kalt abschrecken, häuten und halbieren. Stielansätze sowie Samen entfernen und beiseitestellen. Das Fruchtfleisch würfeln und ebenfalls beiseitestellen.

2. Zwiebel, 1 Knoblauchzehe, Möhre und Sellerie klein würfeln. Einen Topf ohne Fett erhitzen und die Garnelenkarkassen darin kurz anrösten. 1 EL Olivenöl zugeben und Gemüse darin leicht bräunen. Tomatenmark kurz mitrösten, mit Cognac ablöschen und vollständig reduzieren. Fischfond angießen, Tomatenabschnitte und -samen, Lorbeer sowie Senf- und Pfefferkörner zugeben. Alles aufkochen, dann bei schwacher Hitze 1 Stunde offen köcheln lassen. Auf ein Drittel reduzieren.

3. Untere Hälften der Spargelstangen schälen, Enden abschneiden. Abschnitte und Schalen 5 Minuten auskochen. Spargelfond in einen Topf passieren, mit Salz und Zucker abschmecken und erneut zum Kochen bringen. Spargelstangen darin in 5–7 Minuten bissfest garen, abschrecken und in Stücke schneiden.

4. In einer Pfanne im übrigen Öl Schalotten- und Peperoncinowürfel mit der zweiten, angedrückten Knoblauchzehe hell anschwitzen. Garnelen salzen, pfeffern und 1–2 Minuten mitbraten, dann Spargel und Tomatenwürfel zugeben. Spargelfond dazugießen und alles mit Salz, Pfeffer und Zitronensaft abschmecken. Zum Schluss Butterwürfel unterschwenken und die Sauce damit binden.

5. Die Tagliatelle in Salzwasser al dente garen, mit einem Schaumlöffel herausheben und zu der Sauce geben. Alles gut durchschwenken, auf vorgewärmten Tellern anrichten und sofort servieren.

„Nudeln mit Meeresfrüchten sind schnell gemacht – gut für Kochanfänger."

ANDRÉ GREIPEL

GARNELEN AUF SALAT
mit Balsamico-Estragon-Vinaigrette

ZUTATEN
Für die Garnelen
4 Riesengarnelen, 2 EL Olivenöl, 250 ml Weißwein zum Ablöschen, Salz, frisch gemahlener Pfeffer
Für die Vinaigrette
1 Schalotte, 1 Knoblauchzehe, 1 Stängel Estragon, 5 EL Aceto balsamico, 1 EL Dijonsenf,
1 TL Honig, 7 EL Walnussöl, Salz, frisch gemahlener Pfeffer

Blattsalate (z. B. Feldsalat, Rucola), Gurke und 2 große Tomaten zum Anrichten

ZUBEREITUNGSZEIT
ca. 30 Min.

1. Zunächst die Blattsalate, die Gurke und die Tomaten waschen und bei Bedarf schälen. Blattsalate zerpflücken, Gurke in möglichst gleich große Scheiben schneiden und Tomaten vierteln. Alles beiseitestellen.

2. Für die Vinaigrette die Schalotte und die Knoblauchzehe schälen und fein würfeln. Estragon waschen und trocken tupfen. Anschließend die Blätter abzupfen und fein hacken. Aceto balsamico, Dijonsenf und Honig verrühren. Nach und nach das Walnussöl unterschlagen. Die Schalotten- und Knoblauchwürfel und den Estragon einrühren. Die Vinaigrette mit Salz, Pfeffer und Honig abschmecken. Während die Garnelen braten, die Vinaigrette kurz durchziehen lassen.

3. Für die Garnelen das Olivenöl auf dem Tepangrill erhitzen. Die Riesengarnelen bei starker Hitze von beiden Seiten jeweils 5–7 Minuten braten und am Ende mit dem Weißwein ablöschen. Nach Belieben mit Salz und Pfeffer würzen.

4. Die Blattsalate, Gurkenscheiben und Tomaten auf Tellern anrichten. Jeweils 1 Riesengarnele auf der Salatvariation platzieren und die Vinaigrette gleichmäßig darüber verteilen.

„Garnelen vom Grill und ein Salat dazu – fertig! Radfahrer mögen meistens einfache Gerichte."

GIOVANNI VISCONTI

← Lieblingsgericht: Garnelen auf Salat (S. 126)

GIOVANNI VISCONTI

GEBOREN: 13. Januar 1983 in Turin, Italien

AKTUELLES TEAM: Movistar

ANFÄNGE IM RADRENNSPORT: In der U23-Klasse gewann Giovanni Visconti einen Europameistertitel und einen italienischen Meistertitel auf der Straße. 2004 folgte dann der Profivertrag mit dem Team De Nardi.

GRÖSSTE ERFOLGE: Italienischer Meister im Straßenrennen 2007, 2010 und 2011; Gesamtwertung UCI Europe Tour 2009, 2010; zwei Etappen Giro d'Italia 2013

THOMAS LÖVKVIST

GEBOREN: 4. April 1984 in Visby, Schweden

SPITZNAME: Gotland

LETZTES TEAM: IAM Cycling Team

ANFÄNGE IM RADRENNSPORT: Sein Debüt als Profi hatte Thomas Lövkvist 2004 beim französischen Team fdjeux.com. Beim Circuit Cycliste Sarthe gewann er die letzte Etappe und sicherte sich die Gesamtwertung – das gelang in seinem Alter nur den späteren Tour-de-France-Siegern Bernard Hinault und Greg Lemond.

GRÖSSTE ERFOLGE: Schwedischer Meister 2004 (Einzelzeitfahren) und 2006 (Straßenrennen); Mannschaftszeitfahren Giro d'Italia 2009; Gesamtwertung Tour Méditerranéen 2013

BESONDERHEITEN: Lövkvist beendet seine Karriere Ende 2014.

→ **Lieblingsgericht: Muscheln (S. 130)**

MUSCHELN
im Kräutersud

ZUTATEN

2 kg Miesmuscheln (oder Bouchots),
1–2 Möhren, ½ Stange Lauch, 1 Stück Knollensellerie (100 g),
4 Schalotten, 2 Tomaten, 80 ml Rapsöl, 2–3 EL Olivenöl,
250 ml trockener Riesling, 50 ml trockener Wermut (Noilly Prat),
1 EL gehackte Petersilie, 1 EL Schnittlauchröllchen,
frisch gemahlener Pfeffer, Salz,
1–2 TL Sherryessig (oder Aceto balsamico)

ZUBEREITUNGSZEIT

ca. 30 Min.

1. Die Muscheln mit einer Bürste sehr gründlich reinigen und den Bart entfernen. Geöffnete Muscheln aussortieren, sie könnten bereits verdorben sein. Möhre, Lauch, Sellerie und Schalotten putzen, waschen bzw. schälen und in etwa 5 mm große Stücke schneiden. Die Tomaten am Stielansatz kreuzweise einritzen, kurz in kochendes Wasser tauchen, abschrecken, häuten, vierteln, die Kerne entfernen und das Fruchtfleisch in kleine Würfel schneiden.

2. Das Raps- und Olivenöl in einem großen Topf erhitzen, darin die Gemüse- und Tomatenwürfel anschwitzen. Die Muscheln zugeben, mit dem Riesling und dem Wermut ablöschen und zugedeckt rasch zum Kochen bringen. Die Muscheln etwa 3 Minuten garen, dabei zwei- bis dreimal umrühren.

3. Die Muscheln mit einem Schaumlöffel aus dem Topf nehmen, nicht geöffnete Exemplare wegwerfen, sie könnten verdorben sein. Den Sud durch ein feines Sieb in eine Schüssel gießen, die gehackten Kräuter zugeben, mit Pfeffer, Salz und Sherryessig oder Aceto balsamico abschmecken. Sud über die Muscheln geben und lauwarm servieren. Dazu passt frisches Weißbrot.

„Ich mag am liebsten frische Meeresfrüchte. Sie schmecken mir schlicht und einfach im Kräutersud oder mit Nudeln am besten."

THOMAS LÖVKVIST

ZITRONENSCHNITZEL

ZUTATEN

2 Bio-Zitronen, 3 Zweige Zitronenthymian (ersatzweise normaler Thymian),
1 rote Chilischote, 3 EL Olivenöl, 4 EL brauner Zucker,
70 g Butter, 8 Schnitzel aus dem Kalbsrücken (je ca. 80 g),
Salz, frisch gemahlener Pfeffer

ZUBEREITUNGSZEIT

ca. 55 Min.

1. Die Zitronen heiß abwaschen und gut trocken reiben. Den Saft auspressen und 70 ml abmessen. Die ausgepressten Früchte in grobe Stücke schneiden.

2. Den Thymian waschen und trocken schütteln. Die Chili waschen, putzen, halbieren, Samen und weiße Zwischenwände entfernen und das Fruchtfleisch fein würfeln (am besten mit Handschuhen arbeiten).

3. Eine Pfanne erhitzen, erst dann 2 EL Olivenöl zugeben. Die Zitronenstücke darin gleichmäßig bei mittlerer Hitze ca. 4 Minuten anbraten. Sobald sie etwas braun geworden sind, den Zucker zugeben und goldgelb karamellisieren.

4. Mit dem abgemessenen Zitronensaft ablöschen und Chili und Thymian untermischen. Die Sauce ca. 5 Minuten kochen, bis sich der Karamell aufgelöst hat, dann durch ein Sieb in einen kleinen Topf geben und in ca. 5 Minuten bei mittlerer Hitze zu honigartiger Konsistenz einkochen. Die Butter zugeben und gut unterrühren.

5. Inzwischen die Schnitzel trocken tupfen, falls nötig, von Sehnen befreien und von beiden Seiten mit Salz und Pfeffer würzen.

6. Eine große Pfanne erhitzen, erst dann das restliche Olivenöl zugeben. Die Schnitzel darin bei großer Hitze ca. 1 Minute von jeder Seite Farbe annehmen lassen. Die Hitze reduzieren.

7. Die Zitronensauce mit in die Pfanne geben, die Schnitzel darin wenden und weitere 2 Minuten ziehen lassen. Das Fleisch sofort aus der Pfanne nehmen und auf vorgewärmten Tellern anrichten. Als Beilage passt gebratenes, mariniertes Gemüse oder ein kalter Bratkartoffelsalat.

„Schnitzel und eine würzige Sauce dazu – wie hier mit Zitrone – ist mein absoluter Favorit."

LEOPOLD KÖNIG

← Lieblingsgericht: Zitronenschnitzel (S. 134)

LEOPOLD KÖNIG

GEBOREN: 15. November 1987 in Moravská Třebová, Tschechien

AKTUELLES TEAM: Team NetApp-Endura

ANFÄNGE IM RADRENNSPORT: Er fuhr seine ersten Juniorenrennen 2005. Seine Profikarriere begann 2006 bei dem tschechischen Continental Team PSK Whirlpool-Hradec Králové.

GRÖSSTE ERFOLGE: 2. Platz bei der Österreich-Rundfahrt sowie
3. Gesamtrang bei der Tour de l'Ain 2011;
eine Etappe bei der Tour of Britain 2012;
eine Etappe bei der Vuelta a España 2013;
7. Platz bei der Tour de France 2014

BERNHARD EISEL

GEBOREN: 17. Februar 1981 in Voitsberg, Österreich

AKTUELLES TEAM: Sky ProCycling

ANFÄNGE IM RADRENNSPORT: Bernhard Eisel begeisterte sich in frühester Kindheit fürs Fahrradfahren und gewann sein erstes Radrennen im Alter von elf Jahren. Er wurde zehnmal österreichischer Jugendmeister. Sein neun Jahre älterer Bruder Arnold ist ebenfalls Radprofi.

GRÖSSTE ERFOLGE: Zehnfacher österreichischer Jugendmeister; Gewinner Paris–Bourges 2008; Sieg beim belgischen Radrennen Gent–Wevelgem 2010; Sieg mit dem Team Sky Pro Cycling bei der Tour de France 2012; eine Etappe Tour de France 2014

BESONDERHEITEN: Österreichischer Radsportler des Jahres 2006, 2010 und 2012

→ **Lieblingsgericht: Wiener Schnitzel (S. 138)**

WIENER SCHNITZEL

ZUTATEN
2 Bio-Zitronen, 2 EL Mehl, 1 Ei (Größe M),
3 Scheiben Toast, 8 Kalbsschnitzel aus der Keule (je ca. 80 g),
Salz, frisch gemahlener schwarzer Pfeffer, 4 EL Butter,
Petersilie zum Garnieren

ZUBEREITUNGSZEIT
ca. 35 Min.

1. Eine Zitrone in Spalten schneiden. Das Mehl in einen tiefen Teller geben. In einem zweiten tiefen Teller das Ei verschlagen. Das Toastbrot entrinden und in der Küchenmaschine oder im Mixer zu Bröseln zerkleinern.

2. Die übrige Zitrone heiß abwaschen, gründlich trocken reiben und die Hälfte der Schale abreiben. Zitronenschale und Toastbrösel in einem dritten tiefen Teller vermischen.

3. Die Kalbsschnitzel trocken tupfen, nebeneinander auf ein Brett legen und mit einem seitlich aufgeschnittenen Gefrierbeutel bedecken. Mit einem Plattiereisen flach klopfen, bis sie nur noch 5 mm dick sind. Mit Salz und frisch gemahlenem schwarzem Pfeffer würzen.

4. Die Schnitzel zuerst im Mehl wenden, überschüssiges Mehl abklopfen. Dann durch das Ei ziehen und in den Bröseln wenden. Die Panade leicht andrücken.

5. Butter in einer tiefen Pfanne erhitzen und die Schnitzel darin portionsweise in ca. 1 Minute pro Seite bei mittlerer Hitze goldgelb braten. Anschließend auf Küchenpapier abfetten.

6. Jedes Schnitzel mit 1 Zitronenspalte und Petersilie garnieren und nach Belieben Gurken- oder Kartoffelsalat oder Petersilienkartoffeln dazureichen.

Steirische Variante:
Ein Drittel der Semmelbrösel durch gehackte Kürbiskerne ersetzen und die Schnitzel damit panieren. Dazu passt z. B. Kartoffelsalat mit Kürbiskernöl.

„Das ganze Jahr wird in unserem Team gesund gekocht. Wenn ich daheim bin, genieße ich aber am liebsten die steirische Küche."

BERNHARD EISEL

SCHWEINEBRATEN
mit Blaukraut

ZUTATEN
Für das Blaukraut
1,25 kg Blaukraut (Rotkohl), 1 Apfel, 4 EL Rotweinessig, Salz, 1 Prise Zucker,
4 EL kalt gerührte Preiselbeeren, 2 Zwiebeln, 100 g Schweineschmalz, 1 rohe Kartoffel,
300 ml Rotwein, 4 Gewürznelken, 4 Pimentkörner,
1 TL weiße Pfefferkörner, 3–4 Wacholderbeeren, 2 Lorbeerblätter, ½ Zimtstange

Für den Schweinebraten
1,5 kg Schweineschulter (mit Schwarte, ohne Knochen), 2 Knoblauchzehen,
Salz, frisch gemahlener Pfeffer, 2 Möhren, 1 Zwiebel, ½ Knollensellerie,
600 ml Gemüse- oder Fleischfond, 500 ml dunkles Bier

ZUBEREITUNGSZEIT:
ca. 2 Std. 50 Min., Marinierzeit Blaukraut: 12–48 Std.

1. Das Kraut in feine Streifen schneiden oder fein hobeln. Den Apfel schälen und raspeln. Das Kraut mit Apfel, Rotweinessig, Salz und Zucker stampfen, Preiselbeeren unterrühren und das Blaukraut zugedeckt mindestens 12 Stunden marinieren.

2. Die Schwarte der Schweineschulter rautenförmig einschneiden. Den Backofen auf 150 °C vorheizen. Die Knoblauchzehen fein hacken. Das Fleisch mit Knoblauch, Salz und Pfeffer einreiben. Möhren, Zwiebel und Sellerie schälen, in Würfel schneiden und in einem Bräter verteilen. Die Schweineschulter darauflegen. Fond angießen und das Fleisch im vorgeheizten Ofen 2 Stunden schmoren. Etwa alle 10 Minuten mit Bratensaft übergießen. Die letzte halbe Stunde immer wieder etwas Bier über die Schwarte gießen, damit die Kruste knusprig wird.

3. Für das Blaukraut die Zwiebeln fein würfeln und im Schmalz andünsten. Das marinierte Kraut hinzufügen. Kartoffel schälen, hineinreiben und Rotwein angießen. Gewürze zum Kraut geben. Das Blaukraut in etwa 40 Minuten weich kochen, ggf. Wasser angießen. Dann in einem Sieb abtropfen lassen, Saft auffangen und auf die Hälfte einkochen. Das Blaukraut zurück in den Topf geben.

4. Vor dem Anrichten das Fleisch in Alufolie gewickelt 10 Minuten ruhen lassen, dann aufschneiden. Den Bratensaft durch ein Sieb abgießen, abschmecken, abbinden und als Sauce dazureichen. Dazu passen Kartoffel- oder Semmelknödel.

„Nichts geht über einen Schweinebraten – auch wenn man sich den als Radprofi nicht immer leisten darf."

RICCARDO ZOIDL

← Lieblingsgericht: Schweinebraten (S. 140)

RICCARDO ZOIDL

GEBOREN: 8. April 1988 in Linz, Österreich

AKTUELLES TEAM: Trek Factory Racing

ANFÄNGE IM RADRENNSPORT: Er begann seine Karriere 2007 bei dem österreichischen Continental Team RC ARBÖ Resch & Frisch Gourmetfein Wels.

GRÖSSTE ERFOLGE: Österreichischer Meister im Einzelzeitfahren 2012
sowie im Straßenrennen und am Berg 2013;
Gesamtsieg und zwei Etappen Österreich-Rundfahrt 2013;
eine Etappe und Gesamtsieg Tour de Bretagne 2013;
gewann als erster Österreicher die Gesamtwertung UCI Europe Tour 2013;
Radsportler des Jahres 2013 in Österreich;
2. Platz bei der vierten Etappe und Dritter in der Gesamtwertung der Tour Méditerranéen 2014

JOHN DEGENKOLB

GEBOREN: 7. Januar 1989 in Gera, Deutschland

BERUFSAUSBILDUNG: Polizeimeister

AKTUELLES TEAM: Giant Shimano

ANFÄNGE IM RADRENNSPORT: Bereits als Nachwuchsfahrer von 2005 bis 2007 führte er in seiner Altersklasse die Rangliste des BDR an. 2006 gewann er die Gesamtwertung der Junioren-Bundesliga. Er gewann in diesen Altersklassen mehrere Deutsche Meisterschaften auf der Bahn und im Zeitfahren.

GRÖSSTE ERFOLGE: Deutscher Meister und Vizeweltmeister U23 im Straßenrennen 2010; zwei Etappen Critérium du Dauphiné 2011; fünf Etappen Vuelta a España 2012; Sieger Einzelwertung UCI Europe Tour 2012; eine Etappe Giro d'Italia 2013; Sieger Paris–Tours 2013; 2. Platz Paris–Roubaix 2014; Sieger Gent–Wevelgem 2014; vier Etappen und grünes Trikot des Punktbesten Vuelta a España 2014

BESONDERHEIT: John Degenkolb gilt als größte deutsche Klassikerhoffnung.

→ Lieblingsgericht: Rinderrouladen (S. 144)

RINDERROULADEN

ZUTATEN
Für die Rouladen

2–3 Möhren, 80 g Knollensellerie, 1 TL Öl, 4 Cornichons, 60 g Sauerkraut, 1 TL scharfer Senf, 1 TL Meerrettich, Salz, frisch gemahlener Pfeffer, 4 Rinderbacken (ca. 600 g; alternativ 4 Rouladen aus der Oberschale), mittelscharfer Senf, 8 dünne Scheiben Bauchspeck, 4 Stücke Schweinenetz

Für die Sauce

4 Zwiebeln, 2 Knoblauchzehen, 3 Möhren, ½ Stange Sellerie, 1 Zweig Rosmarin, 3 Zweige Thymian, 2 EL Öl, 2 EL Butter, 1 TL schwarze Pfefferkörner, 5 Wacholderbeeren, 2 Lorbeerblätter, 2 EL Tomatenmark, 1 Handvoll zerstoßene Eiswürfel, 250 ml Rotwein, 300 ml roter Portwein, 700 ml Kalbsfond, 1 kleine geschälte rohe Kartoffel

ZUBEREITUNGSZEIT
ca. 3 Std. 45 Min.

1. Für die Füllung Möhren und Sellerie schälen, in Stifte schneiden und im Öl andünsten. Cornichons in Streifen schneiden und mit Gemüse, Kraut, Senf und Meerrettich mischen. Salzen und pfeffern.

2. Rinderbacken von der Seite bis 1 cm vor dem gegenüberliegenden Rand einschneiden. Fleisch auseinanderklappen, salzen, pfeffern und mit wenig Senf bestreichen, jeweils 2 Speckscheiben darauflegen und darauf 1–2 EL Füllung geben.

3. Das Fleisch einschlagen und zu Rouladen aufrollen. Jede Roulade in Schweinenetz einschlagen, mit Küchengarn binden, salzen und pfeffern.

4. Für die Gemüsesauce Zwiebeln, Knoblauch und Möhren schälen und klein schneiden. Sellerie würfeln. Rosmarin und Thymian grob hacken.

5. Die Rouladen in Öl und Butter rundherum goldgelb anbraten. Gemüse dazugeben und mitrösten, dann Gewürze und Kräuter. Salzen und pfeffern, Tomatenmark einrühren und kurz mitdünsten.

6. Den Topf vom Herd nehmen und die zerstoßenen Eiswürfel sowie je 1 Schuss Rotwein und Portwein dazugeben. Das Ganze 3 Minuten stehen lassen, damit sich der Bratansatz lösen kann.

7. Den Topf wieder auf den Herd stellen und die Flüssigkeit vollständig reduzieren lassen. Nochmals mit etwas Rot- und Portwein aufgießen und erneut einkochen lassen. Den Vorgang noch zweimal wiederholen. Dann mit Kalbsfond auffüllen und die Rouladen hineingeben. Kartoffel dazureiben und das Fleisch zugedeckt in 2 Stunden weich köcheln.

8. Die Rouladen aus der Sauce nehmen. Die Sauce durch ein Sieb passieren und mit Salz und Pfeffer abschmecken. Garn von den Rouladen entfernen, die Rouladen in die Sauce geben und erhitzen.

> „Nachdem ich das Gelbe Trikot bei der Thüringen-Rundfahrt 2010 erobert hatte, gab es als Belohnung Rouladen."
>
> JOHN DEGENKOLB

MARCUS BURGHARDT

GEBOREN: 30. Juni 1983 in Zschopau, Deutschland

AKTUELLES TEAM: BMC Racing Team

ANFÄNGE IM RADRENNSPORT: Marcus Burghardt begann mit dem Radsport 1993 im Radsportverein 54 Venusberg, bei welchem er sich noch heute engagiert. Als Junior errang der den Deutscher-Meister-Titel im Zeitfahren. 2005 erhielt er seinen ersten Profivertrag beim Team Mobile. Dort konnte er in zahlreichen großen Rennen teilnehmen und wichtige Erfahrungen sammeln. 2008 fuhr er für das Team High Road, dann bis 2009 für das US-amerikanische Team Columbia.

GRÖSSTE ERFOLGE:

2007: Sieg beim belgischen Frühjahrsklassiker Gent–Welvegem als zweiter Deutscher überhaupt
2008: Spurtsieg auf der 18. Etappe Tour de France
2010: Zwei Etappensiege Tour de Suisse
2011: Gesamtsieg Tour de France mit Cadel Evans
2013: Sieger Bergwertung Tour de Romandie
2014: 8. Platz auf der zweiten Etappe der Tour d'Oman

BESONDERHEIT: Marcus Burghardt liegt viel an der Nachwuchsförderung. Bei seinem Verein 54 Venusberg unterstützt er das Marcus-Burghardt-Junior-Team.

HAMBURGER SPICY

ZUTATEN
600 g grobes Rinderhackfleisch (z. B. aus der Hüfte),
1 Prise gemahlener Kardamom, ¼ TL Chiliflocken, 1 Prise gemahlene Gewürznelken,
1 Prise gemahlener Kreuzkümmel, 3 EL Ahornsirup, Salz, frisch gemahlener Pfeffer,
1 rote Zwiebel (ca. 80 g; ersatzweise normale Küchenzwiebel),
1 große Tomate (ca. 150 g), 2 Essiggurken,
4 Blätter Kopfsalat oder anderer Blattsalat, 4 Hamburgerbrötchen,
8 TL scharfes Mangochutney (ersatzweise Aprikosenkonfitüre, gewürzt mit Chiliflocken)

ZUBEREITUNGSZEIT
ca. 1 Std.

1. Das Hackfleisch in einer Schüssel mit den Gewürzen und dem Ahornsirup gut verkneten. Mit Salz und frisch gemahlenem Pfeffer würzen. Im Kühlschrank ca. 30 Minuten ruhen lassen.

2. Die Masse in 4 gleich große Portionen teilen und mit feuchten Händen zu möglichst gleichmäßigen Pattys (Frikadellen) formen. Sie sollten etwas größer sein als die Hamburgerbrötchen. Die Pattys nochmals für ca. 30 Minuten kühl stellen.

3. In der Zwischenzeit die Zwiebel schälen und in dünne Ringe schneiden. Die Tomate waschen, den Stielansatz entfernen und die Frucht in dünne Scheiben schneiden. Die Essiggurken ebenfalls schräg in dünne Scheiben schneiden. Die Salatblätter waschen und gründlich trocken tupfen.

4. Die Pattys auf dem Tepangrill bei starker Hitze von jeder Seite 4 Minuten grillen. Die Hamburgerbrötchen aufschneiden und für 1 Minute mit der Schnittfläche auf den Grill legen.

5. Nun die Hamburger zusammensetzen: Auf jeden Brötchenboden 1 TL Chutney geben und mit 1 Salatblatt belegen. 1 Hamburger-Patty, einige Tomatenscheiben, Zwiebelringe und Essiggurke darauflegen. Mit 1 TL Chutney abschließen und mit der zweiten Brötchenhälfte belegen. Alles leicht andrücken.

6. Den fertigen Burger noch einmal von jeder Seite knapp 1 Minute grillen und sofort servieren.

„Super Abwechslung zu Nudeln und Reis während einer Rennphase."

MARCUS BURGHARDT

STEINPILZKRÜSTCHEN
mit Rinderfilet

ZUTATEN

300 g Steinpilze, 60 g gesalzene Butter, Salz, frisch gemahlener Pfeffer,
1 Schalotte, 2 große Scheiben Landbrot, 1 Knoblauchzehe,
3 EL Kalbsjus (aus dem Glas), 4 Eier,
250 g Rinderfilet, 2 Zweige Thymian,
Meersalz zum Bestreuen, 2 EL Schnittlauchröllchen

ZUBEREITUNGSZEIT

ca. 45 Min.

1. Die Steinpilze putzen und in möglichst gleichmäßig dicke Scheiben schneiden. Pilze in 1 EL Butter goldgelb anbraten, mit Salz und Pfeffer würzen und beiseitestellen. Die Schalotte schälen, halbieren, in Streifen schneiden, in 1 EL Butter goldbraun braten und ebenfalls zur Seite stellen.

2. Das Brot bei mittlerer Hitze in 1 EL Butter knusprig braten, mit der halbierten Knoblauchzehe abreiben und warm halten. Den Kalbsjus auf 2 EL reduzieren und warm halten. In einer beschichteten, leicht gebutterten Pfanne aus den 4 Eiern Spiegeleier braten. Das Eiweiß der Spiegeleier leicht salzen.

3. Das Rinderfilet (es sollte Raumtemperatur haben) in 8 Scheiben schneiden. In 1 EL aufschäumender Butter mit den Thymianzweigen und ½ Knoblauchzehe ganz kurz scharf anbraten (etwa 15 Sekunden), umdrehen und mit grobem Meersalz und frisch gemahlenem Pfeffer würzen. Das Fleisch nach weiteren 10 Sekunden aus der Pfanne nehmen.

4. Zum Servieren das Brot halbieren und jede Hälfte mit jeweils 2 Scheiben Rinderfilet, einigen Schalottenstreifen und den gebratenen Steinpilzen belegen. Die Steinpilzkrüstchen mit ein paar Tropfen Jus beträufeln. Das Ganze mit den Spiegeleiern belegen und mit Schnittlauchröllchen bestreut servieren.

> „Gibt man zu den Pilzen noch etwas Zucker und Balsamico, schmecken sie herrlich süß."
>
> ALEXANDER KRISTOFF

← Lieblingsgericht: Steinpilzkrüstchen mit Rinderfilet (S. 150)

ALEXANDER KRISTOFF

GEBOREN: 5. Juli 1987 in Stavanger, Norwegen

AKTUELLES TEAM: Katusha Team

ANFÄNGE IM RADRENNSPORT: 2004 und 2005 gewann Alexander Kristoff seine ersten Rennen.
2004 war er Juniorennationalmeister auf der Straße,
2005 Jugendnationalmeister im Teamzeitfahren und zweifacher Vize-Nationalmeister im Einzelzeitfahren.
2006 wurde er Profi beim dänischen Continental Team Glud & Marstrand Horsens.

GRÖSSTE ERFOLGE: Norwegischer Meister im Straßenrennen 2011;
Bronzemedaille im Straßenrennen bei den Olympischen Spielen 2012;
eine Etappe Tour de Suisse 2013; zwei Etappen Tour de France 2014;
Sieger Mailand–Sanremo 2014

GEORGE HINCAPIE

GEBOREN: 29. Juni 1973 in Queens, New York City

ANFÄNGE IM RADRENNSPORT: George Hincapie fuhr sein erstes Radrennen gemeinsam mit seinem Bruder im Central Park. Er wurde 1996 Profi beim US-amerikanischen Team Motorola.

TEAM BIS ENDE DER KARRIERE: BMC Racing Team

GRÖSSTER ERFOLG: Dreifacher US-amerikanischer Straßenmeister 1998, 2006 und 2009; Sieger Gent–Wevelgem 2001; eine Etappe USA Pro Cycling Challenge 2011

BESONDERHEITEN: Er bestritt 17-mal die Tour de France und fuhr sie davon 16-mal komplett. Als Helfer unterstützte er unter anderem Alberto Contador und Cadel Evans.
2012 beendete Hincapie seine aktive Radsportkarriere.

→ Lieblingsgericht: T-Bone-Steak (S. 154)

T-BONE-STEAK
VOM GRILL

ZUTATEN

ca. 1,3 kg T-Bone am Stück (Rind), 8 Zweige Rosmarin, 1 Bio-Zitrone, 1 Bio-Orange, 1–2 Knoblauchzehen, 3 Scheiben Ingwer (ca. 15 g), 4 EL Olivenöl, 1 Prise Chiliflocken, 1 Prise Zucker, Salz, frisch gemahlener Pfeffer, Spicknadel, großer, gut verschließbarer Gefrierbeutel, Fleischthermometer

ZUBEREITUNGSZEIT

ca. 30 Min., Marinierzeit 3 Tage, Garzeit 30 Min.

1. Bis zu drei Tage vor dem Essen das Fleisch trocken tupfen und falls nötig von Sehnen befreien. 5 Rosmarinzweige mithilfe einer Spicknadel waagerecht durch das Fleisch ziehen.

2. Von den restlichen Rosmarinzweigen die Nadeln abstreifen. Zitrone und Orange heiß abwaschen, trocken reiben und Schale dünn abschälen.

3. Den Knoblauch schälen und in dünne Scheiben schneiden. Den Ingwer ungeschält in Stifte schneiden und mit Knoblauch, Zitrusschalen, Rosmarinnadeln, Olivenöl und Chiliflocken mischen.

4. Das Fleisch in den Gefrierbeutel legen und die Marinade zugeben. Den Beutel gut verschließen und vorsichtig durchkneten. Im Kühlschrank 1–3 Tage marinieren und jeden Morgen und jeden Abend einmal sanft durchkneten.

5. Am Tag des Essens das Fleisch aus dem Gefrierbeutel nehmen und abtupfen. Mit Zucker und Salz würzen und auf dem Tepangrill von jeder Seite 5 Minuten angrillen.

6. Das Fleisch bei mittlerer Hitze in ca. 20 Minuten fertig garen. An die dickste Stelle ein Fleischthermometer einstechen. Das Steak ist fertig, wenn es eine Kerntemperatur von 58 °C erreicht hat.

7. Das Steak vom Grill nehmen, mit frisch gemahlenem schwarzem Pfeffer würzen und auf einem Holzbrett servieren. Das Fleisch direkt am Tisch in Scheiben schneiden.

„Ein saftiges T-Bone-Steak ist das Größte für mich. Das wissen auch die Köche in meinem Hotel Domestique in South Carolina."

GEORGE HINCAPIE

ROASTBEEF
mit Wok-Gemüse

ZUTATEN

1 kg Roastbeef (ein dickes Stück aus dem hinteren Teil des Rinderrückens),
3 Knoblauchzehen, 2 Zweige Rosmarin, Salz, frisch gemahlener Pfeffer, 2 EL Olivenöl

Für das Wok-Gemüse

9 Mini-Maiskölbchen, 2 kleine Zucchini, 7 Stangen grüner Spargel,
2 kleine rote Paprikaschoten, 4 Frühlingszwiebeln, 1 Stück Ingwer (ca. 3 cm), 2 Schalotten,
1 Knoblauchzehe, 2 EL Öl, 3 EL helle Sojasauce, 2 EL Austernsauce, 2 TL Sesamöl,
1 TL brauner Zucker, Salz, frisch gemahlener Pfeffer

ZUBEREITUNGSZEIT

ca. 1 Std.

1. Den Backofen auf 200 °C vorheizen, dabei ein Backblech auf der zweiten Schiene von unten miterhitzen.

2. Vom Roastbeef die Fettschicht etwas dünner schneiden (5–10 mm dürfen aber stehen bleiben). Den Knoblauch ungeschält leicht anquetschen. Rosmarin in grobe Stücke schneiden.

3. Fleisch salzen und pfeffern. Öl auf dem Tepangrill erhitzen. Das Fleisch bei starker Hitze ca. 5 Minuten rundherum anbraten. Auf das Blech legen und in ca. 40 Minuten rosa (medium) braten. Nach 20 Minuten Knoblauch und Rosmarin zugeben.

4. Maiskölbchen längs halbieren, Zucchini in Scheiben schneiden, Spargel vierteln. Paprika in Streifen, Frühlingszwiebeln klein schneiden. Ingwer, Schalotten und Knoblauch schälen und würfeln.

5. Erst den Wok, dann das Öl darin erhitzen. Die Schalotten-, Knoblauch- und Ingwerwürfel darin anbraten. Zucchini und Spargel einstreuen und 3 Minuten mitbraten. Paprika und Mais zufügen und 2 Minuten scharf anbraten, Frühlingszwiebeln unterheben. Sojasauce, Austernsauce, Sesamöl, Zucker, Salz und Pfeffer dazugeben. Aufkochen lassen und 3–4 Minuten weiterbraten, bis das Gemüse bissfest ist. Salzen und pfeffern.

6. Roastbeef aus dem Ofen nehmen, mit Pfeffer würzen und auf eine Platte legen. Mit Alufolie zudecken und 10 Minuten ruhen lassen.

7. Zum Servieren das Roastbeef in dünne Scheiben schneiden, die Scheiben ganz leicht salzen und auf dem Wok-Gemüse anrichten.

„Ich liebe den Moment, wenn ich ein medium gebratenes Roastbeef anschneide."

ROBERT GESINK

← Lieblingsgericht: Roastbeef mit Wok-Gemüse (S. 156)

ROBERT GESINK

GEBOREN: 31. Mai 1986 in Varsseveld, Niederlande

AKTUELLES TEAM: Belkin

ANFÄNGE IM RADRENNSPORT: Robert Gesink wurde 2004 niederländischer Juniorenmeister im Zeitfahren. Seine Profikarriere startete er 2005 bei Löwik Meubelen-Van Losser.

GRÖSSTE ERFOLGE: Eine Etappe und Gesamtwertung Lombardische Woche 2006; 3. Platz Gesamtwertung Algarve-Rundfahrt 2006; Gesamtsieger Giro dell'Emilia 2009 und 2010; Grand Prix Cycliste de Montréal 2010; eine Etappe Tour de Suisse 2010; eine Etappe und Gesamtsieg Tour of Oman 2011; Grand Prix Cycliste de Québec 2013

BESONDERHEIT: Als einziger Fahrer konnte er beide kanadischen UCI World Tour-Rennen gewinnen: den Grand Prix Cycliste de Montréal und den Grand Prix Cycliste de Québec.

SAM BENNETT

GEBOREN: 16. Oktober 1990 in Wervik, Belgien

AKTUELLES TEAM: Team NetApp-Endura

ANFÄNGE IM RADRENNSPORT: Sam Bennett gewann 2008 die irische Straßenmeisterschaft der Junioren, 2010 die Meisterschaft in der U23-Klasse. 2010 startete er als Jungprofi für die Mannschaft Française des Jeux.

GRÖSSTE ERFOLGE: Eine Etappe Rhône-Alpes Isère Tour 2006; Junioren-Europameister im Punktefahren Bahn 2008; zwei Etappen An Post Rás; eine Etappe Tour of Britain 2013; eine Etappe und Sprintwertung der Bayern-Rundfahrt 2014

→ Lieblingsgericht: Tandoori-Hähnchen (S. 160)

TANDOORI-HÄHNCHEN

ZUTATEN
Für das Hähnchen
1 küchenfertiges Hähnchen (1,2 kg), Saft von 1 Limette, 1 TL Salz,
½ TL frisch gemahlener schwarzer Pfeffer
Für die Tandoori-Paste
2 Knoblauchzehen, 1 Zwiebel, 250 g Joghurt, 4–5 EL Weinessig, 2 EL Erdnussöl,
1 EL frisch geraspelter Ingwer, 2 TL gemahlener Koriander, 2 TL Kreuzkümmel,
2 TL edelsüßes Paprikapulver, ½ TL Chilipulver, ¼ TL gemahlene Kurkuma

ZUBEREITUNGSZEIT
ca. 1 Std. 20 Min., 12 Stunden Marinieren

1. Das Hähnchen mit Wasser abspülen und innen und außen trocken tupfen. Anschließend in 4 Teile schneiden; dafür das Hähnchen einmal längs und einmal quer halbieren. Die Haut einritzen.

2. Den Limettensaft mit Salz und Pfeffer mischen. Die Hähnchenteile mit dieser Mischung einreiben und 30 Minuten durchziehen lassen.

3. Inzwischen für die Tandoori-Paste Knoblauch und Zwiebel schälen. Die Zwiebel sehr fein würfeln. Joghurt mit Essig und Öl in einer Schüssel gründlich verrühren. Die Zwiebelwürfel dazugeben und den Knoblauch dazupressen. Ingwer und Gewürze hinzufügen und alles gut mischen.

4. Die Hähnchenteile trocken tupfen und in eine ofenfeste Form legen. Die Teile mit der Tandoori-Paste bestreichen. Die Form mit Alufolie schließen und das Fleisch 12 Stunden oder über Nacht im Kühlschrank durchziehen lassen. Sollte die Paste von den Hähnchenteilen rutschen, zwischendurch neu verstreichen.

5. Die Hähnchenteile 1 Stunde vor dem Garen aus dem Kühlschrank nehmen; nochmals mit der Paste bestreichen. Den Backofen auf 200 °C vorheizen.

6. Die Hähnchenteile zugedeckt in der Form im heißen Ofen (Mitte) 30 Minuten garen; nach 20 Minuten die Folie entfernen. Die Hähnchenteile nach Belieben mit frischen Kokosraspeln und Zitronenschnitzen garnieren. Mit Naan oder Chapatis servieren.

„Hühnchen auf indische Art ist ein Genuss. Das Aroma bringen natürlich vor allem die Gewürze."

SAM BENNETT

JENS VOIGT

GEBOREN: 17. September 1971 in Grevensmühlen, Deutschland

AKTUELLES TEAM: Trek Factory Racing

ANFÄNGE IM RADRENNSPORT: Jens Voigt gewann 1994 die Friedensfahrt und wurde daraufhin Profi beim australischen Team ZVVZ-GIANT-AIS.

GRÖSSTE ERFOLGE:

Er bestritt 17-mal die Tour de France, wurde drei Jahre in Folge zum Radsportler des Jahres gewählt und gewann fünfmal das zweitägige Etappenrennen Critérium International.

2000: Gesamtwertung Bayern-Rundfahrt; Grand Prix Cholet-Pays de la Loire

2001: Gesamtwertung Bayern-Rundfahrt und Tour du Poitou-Charentes; eine Etappe Tour de France

2002: Eine Etappe Critérium International

2003: Gewinner Paris–Bourges; Gesamtwertung Tour du Poitou-Charentes

2004: Gesamtwertung und eine Etappe Critérium International; Gesamtwertung Bayern-Rundfahrt; eine Etappe Baskenland-Rundfahrt

2005: Gesamtwertung Tour Mediteranéen; Prolog Paris–Nizza

2006: Eine Etappe Ster Elektrotoer; eine Etappe Tour de France; Gesamtwertung und drei Etappen Deutschland Tour

2007: Eine Etappe Kalifornien-Rundfahrt; Gesamtwertung Critérium International; eine Etappe Baskenland-Rundfahrt; Gesamtwertung und eine Etappe Deutschland Tour

2008: Gesamtwertung und eine Etappe Critérium International; eine Etappe Giro d'Italia; Gesamtwertung und eine Etappe Polen-Rundfahrt

2009: Gesamtwertung und eine Etappe Critérium International

2010: Eine Etappe Katalonien-Rundfahrt

2012: Eine Etappe und Bergwertung USA Pro Cycling Challenge

2013: Eine Etappe Kalifornien-Rundfahrt

2014: Stundenweltrekord über 51 115 km im Velodrome Suisse

BESONDERHEITEN: Für das Jahr 2015 hat Jens Voigt das Ende seiner Karriere als aktiver Rennprofi angekündigt. Im September 2014 stellte er sich noch mal einer Herausforderung und brach den bisherigen Stundenweltrekord.

MOUSSAKA

ZUTATEN FÜR 6–8 PORTIONEN
800 g Auberginen, Salz, 600 g Tomaten, 2 große Zwiebeln, 1 Knoblauchzehe,
250 ml Olivenöl, 600 g Rinderhackfleisch, 250 ml trockener Weißwein,
1 Prise Zucker, ½ TL gemahlener Zimt, frisch gemahlener Pfeffer, 2 TL gehackte Oreganoblättchen,
3 EL gehackte Petersilie, 3 EL Tomatenmark,
60 g Semmelbrösel, 80 g frisch geriebener Parmesan, 1 Ei
Für die Béchamelsauce
3 EL Butter, 3 EL Mehl, 500 ml Milch, Salz, frisch gemahlener Pfeffer,
frisch geriebene Muskatnuss, 1 TL Zitronensaft, 2 Eigelb,
1 Auflauf- oder Lasagneform, Butter und Semmelbrösel für die Form

ZUBEREITUNGSZEIT
ca. 1 Std. 50 Min.

1. Die Auberginen waschen, Stielansätze entfernen und das Gemüse längs in etwa 5 mm dicke Scheiben schneiden. Die Scheiben mit Salz bestreuen und 15 Minuten Wasser ziehen lassen. Tomaten blanchieren, häuten und würfeln. Zwiebeln und Knoblauch schälen und hacken.

2. Auberginenscheiben waschen und trocken tupfen. In einer beschichteten Pfanne 3–4 EL Olivenöl erhitzen und die Scheiben darin portionsweise bei starker Hitze auf beiden Seiten hellbraun braten. Falls nötig, weiteres Öl dazugeben. Herausnehmen und auf Küchenpapier abtropfen lassen.

3. Zwiebeln und Knoblauch in der Pfanne in 2 EL Öl glasig dünsten. Das Hackfleisch dazugeben und bei starker Hitze krümelig braten. Tomaten, Wein, Zucker, Zimt und Pfeffer unterrühren. Alles zugedeckt etwa 5 Minuten schmoren. Kräuter untermischen und weitere 5 Minuten garen; salzen und abkühlen lassen. Backofen auf 180 °C vorheizen.

4. Für die Béchamelsauce die Butter in einem Topf erhitzen und das Mehl darin anschwitzen. Vom Herd nehmen und die Milch langsam unterrühren. Die Sauce bei mittlerer Hitze unter Rühren aufkochen, dann 10 Minuten unter Rühren köcheln lassen. Mit Salz, Pfeffer, Muskat und Zitronensaft würzen; etwas abkühlen lassen.

5. Tomatenmark, Semmelbrösel, die Hälfte des Parmesans und das Ei unter das Tomaten-Hackfleisch mischen. Eine Auflaufform fetten und mit Semmelbröseln ausstreuen. In die Sauce die Eigelbe und den restlichen Käse rühren.

6. In die Auflaufform abwechselnd Auberginenscheiben, Hackfleischmasse und abschließend Béchamelsauce schichten. Die Moussaka im Ofen (Mitte) 50–60 Minuten backen. Sofort servieren.

„Kochen wir zusammen, ist das ein Familienhappening mit viel Spaß und Gelächter."

JENS VOIGT

FEINES REHRAGOUT

ZUTATEN FÜR 5–6 PORTIONEN

1 kg Rehschulter, 400 g rote Zwiebeln, 1 Möhre, ½ Stange Lauch,
1 Stange Staudensellerie, 1 Knoblauchzehe, 1 Scheibe Bauchspeck (30 g),
10 Wacholderbeeren, 1 kleiner Apfel,
Salz, frisch gemahlener Pfeffer, 1–2 EL Mehl, Öl zum Anbraten,
je 1 Msp. abgeriebene Schale einer Bio-Zitrone und -Orange,
2 EL Tomatenmark, 2 EL Preiselbeermarmelade,
750 ml junger Rotwein (mit viel Säure), je 1 Zweig Rosmarin und Thymian,
800 ml Wildfond, 2–3 EL geschlagene Sahne,
Thymian oder Petersilie zum Garnieren

ZUBEREITUNGSZEIT
ca. 3 Std.

1. Die Rehschulter parieren und in 5 cm große Würfel schneiden. Zwiebeln und Möhre schälen, Lauch und Staudensellerie putzen und waschen. Alle Gemüse in Stücke schneiden. Die Knoblauchzehe in der Schale mit dem Messerrücken andrücken, den Bauchspeck in grobe Stücke schneiden. Wacholderbeeren im Mörser zerdrücken. Apfel schälen, Kerngehäuse entfernen und das Fruchtfleisch in Würfel schneiden.

2. Das Rehragout salzen, pfeffern und mit etwas Mehl bestäuben. Das Öl in einem breiten, flachen Topf erhitzen und die Rehstücke von allen Seiten anbraten. Gemüse, Bauchspeck, Apfel, Orangen- und Zitronenschale beigeben. Tomatenmark dazugeben und leicht anrösten. Das Ragout nochmals mit Mehl bestäuben, die Preiselbeermarmelade dazugeben, kurz angehen lassen und mit einem Drittel des Rotweins ablöschen. Den Wein vollständig reduzieren und den Vorgang anschließend noch zweimal wiederholen, bis der Wein aufgebraucht ist.

3. Rosmarin und Thymian zugeben, mit Wildfond und so viel Wasser angießen, dass das Fleisch vollständig bedeckt ist. Dann das Ganze zum Kochen bringen und zugedeckt bei mittlerer Hitze etwa 2 Stunden garen, dabei von Zeit zu Zeit das Fett mit einem Löffel abnehmen.

4. Nach etwa 2 Stunden das Fleisch aus der Sauce nehmen, die Sauce durch ein Sieb passieren, abschmecken und das Fleisch dann wieder einlegen. Das Ragout mit Sahne verfeinern und nach Belieben mit Thymian oder Petersilie garnieren. Dazu passen als Beilage Semmelknödel, Spätzle oder selbst gemachte Nudeln.

„Mein Opa ist Jäger. Zartes Rehfleisch geht dabei über alles."

FABIAN WEGMANN

← Lieblingsgericht: Rehragout (S. 166)

FABIAN WEGMANN

GEBOREN: 20. Juni 1980 in Münster, Deutschland

AKTUELLES TEAM: Garmin-Sharp

ANFÄNGE IM RADRENNSPORT: Fabian Wegmann betreibt seit 1991 Radsport. 2001 wurde er Deutscher Meister auf der Straße in der U23-Klasse. Er schaffte 2002 den Sprung in das Profiteam von Gerolsteiner.

GRÖSSTE ERFOLGE: Eine Etappe und Gesamtwertung Sachsen-Tour 2003; Bergwertung Giro d'Italia 2004; Grand Prix Schwarzwald und Grand Prix San Francisco 2005; eine Etappe Polen-Rundfahrt 2005; Grand Prix Miguel Induráin 2006 und 2008; Deutscher Meister Straßenrennen 2007, 2008 und 2012

BESONDERHEIT: Als erster Deutscher gewann er das Grüne Trikot beim Giro d'Italia 2004.

JAN BÁRTA

GEBOREN: 7. Dezember 1984 in Kyjov, Tschechien

AKTUELLES TEAM: Team NetApp-Endura

ANFÄNGE IM RADRENNSPORT: Jan Bárta wurde 2003 tschechischer U23-Meister im Straßenrennen. Seine Profikarriere begann er 2005 beim österreichischen Professional Continental Team Elk Haus-Simplon.

GRÖSSTE ERFOLGE: Vierfacher tschechischer Meister: 2012, 2013 und 2014 im Einzelzeitfahren, im Straßenrennen 2013;
eine Etappe, Gesamtwertung und Mannschaftszeitfahren Settimana Internazionale di Coppi e Bartali;
eine Etappe und Gesamtwertung Szlakiem Grodów Piastowskich 2013;
2. Platz Circuit de la Sarthe 2013;
3. Platz Etappe (Einzelzeitfahren) Tour de France 2014

→ **Lieblingsgericht: Hasenrücken (S. 170)**

HASENRÜCKEN
mit glacierten Äpfeln

ZUTATEN

2 Hasenrücken mit Knochen, 3 EL Distelöl, 2 Möhren, 1 Zwiebel, 1 Knollensellerie,
1 EL Tomatenmark, 1 Lorbeerblatt, 6 Pfefferkörner, 5 Wacholderbeeren, 1 l trockener Rotwein,
100 g eiskalte Butter, Salz, frisch gemahlener Pfeffer,
2 Äpfel, 1 EL Butter, 4 TL Zucker, 3 EL Zitronensaft, Distelöl zum Braten,
1 TL Meersalz (Fleur de Sel), 1 TL zerstoßene Pfefferkörner, Rosmarin zum Garnieren

ZUBEREITUNGSZEIT
ca. 3 Std.

1. Für die Sauce die Hasenrücken von den Knochen lösen und die Sehnen entfernen. Die Knochen klein hacken und in heißem Öl anrösten. Möhren, Zwiebel und Sellerie schälen, in 2 cm große Würfel schneiden und mit Tomatenmark dazugeben. Alles mitrösten, bis es karamellisiert. Die Gewürze dazugeben, mit etwas Rotwein ablöschen und diesen vollständig reduzieren. Erneut mit Rotwein ablöschen und wieder einkochen lassen. Dann 3 Liter Wasser dazugeben und den Fond 30 Minuten bei schwacher Hitze kochen lassen, dabei ab und zu Fett und Schaum abschöpfen. Anschließend die Sauce durch ein Sieb passieren und die Flüssigkeit auf 250 ml reduzieren. Butter einrühren und mit Salz und Pfeffer würzen.

2. Für die Apfelspalten die Äpfel schälen, halbieren, Strunk und Kerngehäuse entfernen. Die Hälften sechsteln. Die Butter in eine Pfanne geben, bei starker Hitze aufschäumen lassen und die Apfelspalten darin kurz anrösten. Wenn beide Seiten leicht gebräunt sind, den Zucker hinzufügen und die Äpfel durchschwenken. Der Zucker sollte karamellisieren. Zitronensaft dazugeben und beiseitestellen.

3. Den Backofen auf 160 °C vorheizen. Das Fleisch in Öl von beiden Seiten rasch anbraten und auf einem Gitter im vorgeheizten Ofen 12 Minuten weitergaren. Die Fleischstücke dabei zwei- bis dreimal im Ofen wenden, dann herausnehmen, in Alufolie wickeln und 4 Minuten ruhen lassen.

4. Zum Anrichten die Hasenrücken schräg in 1 cm breite Scheiben schneiden, diese mit Meersalz und grob zerstoßenem Pfeffer bestreuen, auf vorgewärmten Tellern anrichten und etwas Sauce angießen. Einige Apfelspalten auf das Fleisch geben und mit Rosmarin garnieren. Als Beilage passen Schwarzwurzeln, Mangold sowie Spätzle oder Kartoffelknödel.

„Hasenfleisch ist sehr bekömmlich und passt gut in meinen Ernährungsplan."

JAN BÁRTA

DESSERTS

PANNA COTTA
mit Zwetschgen und Vanillesauce

ZUTATEN
Für das Zwetschgenkompott
300 g entsteinte Zwetschgen, 125 g Zucker,
1 Prise gemahlener Zimt, 1 Prise geriebene Muskatnuss
Für die Panna cotta
1 Vanilleschote, 350 g Sahne, 60 g Zucker, 3 Blatt Gelatine
Für die Mandel-Vanille-Sauce
25 g Butter, 25 g Zucker, 70 g gehackte Mandeln, 250 g Sahne, 1 Vanilleschote,
4 Förmchen (je 125 ml Inhalt)

ZUBEREITUNGSZEIT
ca. 2 Std., 1 Std. Kühlzeit

1. Für das Kompott die Zwetschgen vierteln und mit 50 ml Wasser aufkochen. Zucker, Zimt und Muskat unterrühren; zugedeckt 5 Minuten kochen, dann abkühlen lassen. Je 1 Fruchtstück aus dem Kompott auf den Boden jedes Förmchens legen.

2. Für die Panna cotta die Vanilleschote längs aufschlitzen und das Mark herauskratzen. Mark mit Schote, Sahne und Zucker in einen Topf geben. Die Mischung aufkochen. Vom Herd nehmen und etwa 5 Minuten abkühlen lassen.

3. Die Gelatine 5 Minuten in kaltem Wasser einweichen. Vanilleschote aus der Milch nehmen. Gelatine ausdrücken, in der Sahnemischung auflösen. Die Panna cotta auf die Förmchen verteilen. Zugedeckt 2 Stunden kalt stellen.

4. Für die Sauce die Butter in einem Topf erhitzen. Zucker hinzufügen und rühren, bis er sich aufgelöst hat. Mandeln dazugeben und sehr hell karamellisieren lassen. Sahne dazugießen. Vanilleschote längs aufschneiden und das Mark herauskratzen. Schote und Mark in die Sauce rühren. Einmal aufkochen lassen, dann durch ein Sieb gießen.

5. Zum Servieren auf jeden Dessertteller etwas Zwetschgenkompott geben. Darauf je 1 Panna cotta stürzen. Mandel-Vanille-Sauce dazureichen.

„Panna cotta – als Dessert unschlagbar. Es zergeht einfach auf der Zunge."

ANDREAS SCHILLINGER

← Lieblingsgericht: Panna cotta (S. 174)

ANDREAS SCHILLINGER

GEBOREN: 13. Juli 1983 in Kümmersbruck, Deutschland

AKTUELLES TEAM: Team NetApp-Endura

ANFÄNGE IM RADRENNSPORT: 1997 begann er im väterlichen Verein RSG Vilstal mit dem Radfahren. In der Juniorenliga konnte er 2001 bereits die Einzelwertung für sich entscheiden, in der U23-Klasse wurde er 2004 Zweiter in der Gesamtwertung der Radbundesliga. 2006 ging er als Profi zum Continental Team Milram.

GRÖSSTE ERFOLGE: Deutsche Bergmeisterschaft 2007 und 2009; eine Etappe Tour de Beauce 2008; Sieger Prag–Karlsbad–Prag 2010; Rund um die Nürnberger Altstadt 2012

BESONDERHEIT: 2014 nahm Schillinger an der Tour de France teil und wurde beinahe wegen Karenzzeitüberschreitung disqualifiziert. Der Grund: Er begleitete seinen schwer gestürzten Teamkollegen Tiago Machado ins Ziel.

PHIL BAUHAUS

GEBOREN: 8. Juli 1994 in Bocholt, Deutschland

AKTUELLES TEAM: Team Stölting

ANFÄNGE IM RADRENNSPORT: Phil Bauhaus begann 2004 als Schüler beim RC Bocholt 1977. Von 2004 bis 2007 hat er bereits 21 Rennen gewonnen. 2013 unterschrieb er seinen ersten Profivertrag beim Team Stölting.

GRÖSSTE ERFOLGE: Je eine Etappe Bulgarien- und Oder-Rundfahrt 2013; 2. Platz Deutsche Straßenmeisterschaft U23 und Platz 3 bei den Profis 2014; zwei Etappen Portugal-Rundfahrt 2014 (davon einmal Rotes Trikot des Sprinters)

→ Lieblingsgericht: Arme Ritter (S. 178)

ARME RITTER

ZUTATEN
200 ml Milch, 2 EL Zucker, 1 Msp. gemahlener Zimt,
8 Weißbrotscheiben (oder Brioche), 2 Eier, 50 g Sahne,
2 EL Preiselbeer- oder Johannisbeermarmelade (oder Hagebuttenmark),
2 cl Obstler, 2 TL Puderzucker, 50 g gesalzene Butter,
Puderzucker zum Bestäuben

ZUBEREITUNGSZEIT
ca. 30 Min.

1. Die Milch mit Zucker und Zimt in einem Topf erwärmen. Von den Weißbrotscheiben mit einem Messer dünn die Rinde abschneiden. Brotrinde mit Eiern und Sahne in einen hohen Mixbecher geben und alles mit dem Pürierstab zu einer feinen Masse zerkleinern. Die Preiselbeer- oder Johannisbeermarmelade bzw. das Hagebuttenmark mit dem Obstler und dem Puderzucker verrühren.

2. Die Butter in einer beschichteten Pfanne bei mittlerer Hitze aufschäumen lassen. Inzwischen 2 Brotscheiben einzeln in der warmen Milch kurz einweichen. Die Brotscheiben mit einem Schaumlöffel herausnehmen und mit der Marmeladenmasse bestreichen. Die beiden Scheiben aufeinanderlegen, sodass die Marmeladenfüllung zwischen den beiden Scheiben ist.

3. Die gefüllten Brotscheiben in der Eier-Sahne-Masse wenden und sofort in die Pfanne mit der heißen Butter geben. Nacheinander auf diese Art 4 Ritter zubereiten. Alle Armen Ritter auf jeder Seite in 3–5 Minuten goldgelb und knusprig braten. Mit Puderzucker bestäuben und servieren. Dazu passt Apfelmus, Fruchtsauce oder Vanillesauce.

„Früher habe ich gern bei meiner Oma gegessen. Die hat immer Gerichte gekocht, die es zu Hause nicht so oft gab."

PHIL BAUHAUS

PETER SAGAN

GEBOREN: 26. Januar 1990 in Žilina, Slowakei

AKTUELLES TEAM: Cannondale Pro Cycling

ANFÄNGE IM RADRENNSPORT: Seine Patentante meldete ihn zum Fußballtraining an, das er aber bereits nach einer Woche aufgab. Dann bekam er ein Fahrrad. Die Stützräder baute sein Vater schon nach den ersten Metern ab, und Peter Sagan hatte seine Bestimmung gefunden. Bereits als Juniorenfahrer konnte er sowohl im Cyclocross als auch im Mountainbike-Cross Country und auf der Straße überzeugen. 2009 entschied er sich für die Straße und startete für das slowakische Radsportteam Dukla Trenčín Merida, zur Saison 2010 wechselte er als Profi zum UCI ProTeam Liquigas.

GRÖSSTE ERFOLGE:

2008: Junior-Weltmeister Mountainbike-Cross Country; Vize-Weltmeister Cyclocross

2011: Slowakischer Meister Straßenrennen; zwei Etappen, Gelbes Trikot Gesamtwertung und Grünes Trikot Punktewertung Polen-Rundfahrt; drei Etappen Vuelta a España

2012: Eine Etappe und Punktewertung Tour of Oman; eine Etappe Tirreno–Adriatico; eine Etappe Driedaagse van De Panne-Koksijde; fünf Etappen und Punktewertung Tour of California; vier Etappen und Punktewertung Tour de Suisse; Slowakischer Meister Straßenrennen; drei Etappen und Punktewertung Tour de France

2013: Insgesamt 22 Etappensiege; zwei Etappen Tour of Oman; Gran Premio Città di Camaiore; zwei Etappen Tirreno–Adriatico; Sieger Gent–Wevelgem; zwei Etappen und Punktewertung Tour of California; zwei Etappen und Punktewertung Tour de Suisse; Slowakischer Meister Straßenrennen; eine Etappe und Punktewertung Tour de France; vier Etappen und Punktewertung USA Pro Cycling Challenge; Sieger Grand Prix Cycliste de Montréal

2014: Etappensieg Tour of Oman; eine Etappe und Punktewertung Tirreno–Adriatico; E3 Harelbeke; eine Etappe und Punktewertung Tour of California; eine Etappe und Punktewertung Tour de Suisse; Slowakischer Meister Straßenrennen; Punktewertung Tour de France

BESONDERHEIT: Er holte mehrmals das Grüne Trikot bei der Tour de France, obwohl er eigentlich ein klassischer Sprinter ist.

TOPINAMBUR-
Pfannkuchen

ZUTATEN

Für den Teig

50 g Topinamburmehl, 50 g Vollkornmehl, 1 EL Puderzucker, ca. 200 ml Milch,
1 Eigelb, Mark von ½ Vanilleschote, abgeriebene Schale von ½ Bio-Zitrone,
1 Prise Salz, Butterschmalz zum Ausbacken

Für die Topfenmasse

1 TL Rosinen, 2 Eigelb, 50 g Zucker, 200 g Schichtkäse (40 % Fett),
1 EL Vanillecremepulver („ohne Kochen"), 1 Prise Salz, Saft von ½ Zitrone,
ofenfeste Form, zerlassene Butter zum Fetten der Form und zum Bestreichen,
2 EL Mandelstifte zum Bestreuen, Puderzucker zum Bestäuben

ZUBEREITUNGSZEIT

ca. 1 Std.

1. Für den Teig beide Mehlsorten mit den übrigen Zutaten gut zu einem flüssigen Teig verrühren und 10 Minuten ruhen lassen. Teig durch ein Haarsieb streichen, damit er klumpenfrei bleibt. Für die Topfenmasse die Rosinen in etwas Wasser einweichen.

2. Eine beschichtete Pfanne mit wenig Butterschmalz sehr heiß werden lassen, damit der Teig schnell bindet und dünne Pfannkuchen entstehen. Ein Viertel des Teiges in die Pfanne geben und durch Kippen der Pfanne verteilen. Teig kurz anbacken lassen, dann wenden und die zweite Seite goldbraun backen. Den Pfannkuchen herausnehmen, auf einen Teller legen und warm halten. Auf diese Weise 4 dünne Pfannkuchen backen.

3. Für die Topfenmasse die eingeweichten Rosinen in einem Sieb mit kaltem Wasser abspülen. Eigelbe mit Zucker, Schichtkäse, Vanillecremepulver, Salz und Zitronensaft in einer Schüssel verrühren. Den Backofen auf 160 °C vorheizen.

4. Topfenmasse auf den 4 Pfannkuchen verteilen und die Rosinen und Mandelstifte darüberstreuen. Anschließend die Pfannkuchen aufrollen.

5. Die Form fetten, die Rollen hineinlegen, mit zerlassener Butter bestreichen, mit einigen Mandelstiften bestreuen. Im Backofen (Mitte) in 15–20 Minuten goldbraun backen. Die Pfannkuchen warm und mit Puderzucker bestäubt servieren.

> „Ich liebe süß. Pfannkuchen mit Topinamburmehl sind perfekt."
>
> PETER SAGAN

ZWETSCHGENKNÖDEL

ZUTATEN
Für die Knödel
grobes Meersalz (Reformhaus), 300 g mehligkochende Kartoffeln, 100 g Ziegenfrischkäse,
2 EL Hartweizengrieß, 1–2 EL Mehl, 2 Eigelb, Salz, 1 EL zerlassene Butter,
Mark von ½ Vanilleschote, abgeriebene Schale von ½ Bio-Zitrone,
8 reife Zwetschgen, 8 Stück Würfelzucker
Für die Nussbutter
1 EL gemahlene Haselnusskerne, 100 g Butter, 1 EL Vanillezucker, 1 TL Akazienhonig,
2 EL Semmelbrösel, 2 EL Biskuitbrösel, abgeriebene Schale von je ½ Bio-Zitrone und Bio-Orange,
Puderzucker zum Bestreuen

ZUBEREITUNGSZEIT
ca. 1 Std. 40 Min.

1. Den Backofen auf 180 °C vorheizen. Backblech mit grobem Salz bedecken. Kartoffeln waschen und auf dem Salz im heißen Ofen in 40–50 Minuten weich backen. Alternativ Kartoffeln in Salzwasser garen und anschließend im 80 °C heißen Backofen etwa 10 Minuten ausdampfen lassen.

2. Kartoffeln pellen. Sofort durch die Kartoffelpresse in eine Schüssel drücken und etwas ausdampfen lassen. Frischkäse durch ein Sieb dazustreichen.

3. Grieß und Mehl ebenfalls in die Schüssel zu den Kartoffeln geben und alles grob mischen. Eigelbe, Salz, Butter, Vanillemark und Zitronenschale hinzufügen und alles zu einem glatten Teig verkneten.

4. Zwetschgen waschen, trocken tupfen und längs einschneiden. Kerne entfernen und durch Zuckerwürfel ersetzen. Teig in 8 gleich große Stücke teilen und mit bemehlten Händen zu Kreisen formen. Je 1 Zwetschge auf einen Teigkreis setzen, mit Teig umhüllen und zu einem Knödel formen.

5. In einem großen Topf 3 l Wasser mit Salz zum Kochen bringen. Die Knödel hineinlegen, das Wasser aufkochen lassen und die Knödel bei schwacher Hitze in 8–10 Minuten gar ziehen lassen. Herausheben, abtropfen lassen und in eine Form geben. Im Ofen warm halten.

6. Für die Nussbutter die Haselnüsse in einer kleinen Pfanne ohne Fett rösten; herausnehmen. Anschließend die Butter in der Pfanne aufschäumen lassen. Vanillezucker, Honig, Semmel- und Biskuitbrösel sowie die gerösteten Haselnüsse darin unter ständigem Rühren anrösten. Vom Herd nehmen und mit Zitronen- und Orangenschale würzen. Knödel auf Tellern anrichten, Nussbutter darüber verteilen und mit Puderzucker bestäuben.

„Am liebsten mag ich die tschechischen Gerichte von meiner Mutter."

ZDENĚK ŠTYBAR

← Lieblingsgericht: Zwetschgenknödel (S. 184)

ZDENĚK ŠTYBAR

GEBOREN: 11. Dezember 1985 in Plana U Marianskych Lazni, Tschechien

AKTUELLES TEAM: Omega Pharma-Quick-Step

ANFÄNGE IM RADRENNSPORT: Štybar fährt zweigleisig: Sowohl im Cyclocross als auch auf der Straße konnte er Erfolge feiern. In der U23-Klasse wurde er Cyclocross-Weltmeister 2005, später holte er sich diesen Titel noch in der Saison 2009 und 2010 und 2012.
Seine erste Mannschaft als Profi war das Fidea Cycling Team.

GRÖSSTE ERFOLGE (STRASSE): Prolog Tour de Slovaquie 2010;
eine Etappe Polen-Rundfahrt 2012; zwei Etappen und Gesamtwertung Eneco Tour 2013;
eine Etappe Vuelta a España 2013; Tschechischer Meister Straßenrennen 2014;
eine Etappe Eneco Tour 2014

MICHAL GOLAŚ

GEBOREN: 29. April 1984 in Toruń, Polen

SPITZNAME: Goly

AKTUELLES TEAM: Omega Pharma-Quick-Step

ANFÄNGE IM RADRENNSPORT: Seine Profikarriere startete er 2007 bei dem schwedisch-belgischen UCI Pro Tour Team Unibet.com.

GRÖSSTE ERFOLGE: Polnischer Meister Straßenrennen U23; Polnischer Meister Straßenrennen 2012

BESONDERHEITEN: Für die Mannschaft ist er menschlich und sportlich überaus wichtig. Seinen Teamkollegen Mark Cavendish hat er bei seinen Sprints beim Giro d'Italia enorm unterstützt. Michal Golaś ist der einzige Pole, der je beim Giro d'Italia das Bergtrikot getragen hat. Er besitzt ein Fahrradgeschäft in seiner Heimatstadt Toruń.

→ **Lieblingsgericht: Kaiserschmarrn (S. 188)**

KAISERSCHMARRN

ZUTATEN
4 Eier (L), 130 g Mehl, 250 ml Milch,
1 Prise Salz, 2 EL Zucker, 50 g Butter,
3 EL Rosinen, 3–4 EL Puderzucker

ZUBEREITUNGSZEIT
ca. 30 Min., Ruhezeit 30 Min.

1. Die Eier trennen. Mehl und Milch in einer Schüssel zu einem glatten Teig verrühren, dabei nacheinander die Eigelbe dazugeben. Den Teig 30 Minuten ruhen lassen. Anschließend die Eiweiße mit Salz steif schlagen, dabei nach und nach den Zucker einrieseln lassen.

2. Den Teig durchrühren und den Eischnee sorgfältig unterheben. Die Hälfte der Butter auf dem Tepangrill schmelzen und den Teig daraufgießen. Die Rosinen anschließend darüberstreuen. Teig bei schwacher Hitze 5–8 Minuten backen, bis die Unterseite und der Rand zart bräunen und ein leicht fester Pfannkuchen entstanden ist.

3. Den Pfannkuchen vorsichtig in mehrere gleich große Stücke zerteilen und einzeln wenden. Nochmals 3–4 Minuten backen, bis auch die zweite Seite hellbraun gebräunt ist, dann mit zwei Holzlöffeln in mundgerechte Stücke reißen.

4. Übrige Butter in Flöckchen daraufgeben, 2 EL Puderzucker darüberstreuen. Unter Rühren 2–3 Minuten braten, bis der Kaiserschmarrn mit karamellisiertem Zucker überzogen und gebräunt ist.

5. Auf Tellern anrichten und mit übrigem Puderzucker bestreuen. Traditionell wird zu Kaiserschmarrn Apfelmus, gedünstete Apfelschnitze oder Pflaumenkompott gereicht. Auch Preiselbeerkompott schmeckt gut dazu.

„Außerhalb der Rennsaison darf man auch mal etwas Schwereres essen. Bei Kaiserschmarrn kann man kaum widerstehen."

MICHAL GOLAŚ

VANILLECREME
mit Himbeeren

ZUTATEN
6 Blatt Gelatine, 200 g Himbeeren, 5 Eigelb, 150 g Zucker, 500 ml Milch, 1 Vanilleschote,
40 ml Himbeergeist, 200 g Sahne,
4 Portionsförmchen (je 200 ml Inhalt), Butter für die Förmchen,
Minzeblättchen zum Garnieren, Himbeermark zum Servieren

ZUBEREITUNGSZEIT
ca. 1 Std., Kühlzeit 2–3 Std.

1. Die Gelatine in kaltem Wasser einweichen. Die Himbeeren abbrausen und sehr gut abtropfen lassen. Die Förmchen dünn mit Butter ausstreichen.

2. Eigelbe mit Zucker in einer Schüssel sehr schaumig schlagen. Die Milch in einen Topf gießen.

3. Die Vanilleschote längs aufschlitzen und das Mark mit einem Messer aus der Schote in die Milch kratzen; die Vanilleschote hinzufügen. Die Milch mit der Vanille aufkochen lassen.

4. Die kochend heiße Milch unter Rühren mit dem Schneebesen zur Eigelbmasse gießen. Anschließend diese Masse zurück in den Topf schütten und bei schwacher Hitze zur Rose abziehen.

5. Gelatine gut ausdrücken und in der Creme auflösen. Die Vanillecreme in eine gekühlte Schüssel umfüllen. Den Himbeergeist unterrühren.

6. Die Schüssel auf ein Eiswasserbad stellen und die Creme langsam kalt rühren. Die Sahne steif schlagen und unter die abgekühlte, angedickte Creme heben.

7. Die Himbeeren auf die Förmchen verteilen, ein paar Beeren für die Garnitur beiseitelegen. Die Creme in die Förmchen füllen und im Kühlschrank in 2–3 Stunden fest werden lassen.

8. Kurz vor dem Servieren die Förmchen bis knapp unter den Rand kurz in heißes Wasser tauchen und die Creme vom Rand lösen. Die Cremeportionen auf Dessertteller stürzen. Nach Belieben mit Himbeermark umgießen und mit den beiseitegelegten Beeren sowie Minzeblättchen dekorieren.

„Zum Abschluss eines Menüs kommt dieses Dessert immer gut."

DANIEL SCHORN

← Lieblingsgericht: Vanillecreme (S. 190)

DANIEL SCHORN

GEBOREN: 21. Oktober 1988 in Zell am See, Österreich

AKTUELLES TEAM: Team NetApp-Endura

ANFÄNGE IM RADRENNSPORT: Sein Vater ist Hobbyradfahrer, und so kam auch Daniel Schorn zum Rad. Er fuhr zunächst Mountainbike, wechselte dann auf die Straße. Bereits in der Juniorenklasse trat er bei Weltcuprennen an. 2008 kam er als Profi in das Team Elk Haus-Simplon. 2010 startete er für das Team NetApp und fuhr 2012 erstmals beim Giro d'Italia mit.

GRÖSSTE ERFOLGE: Eine Etappe Tour de Normandie 2010;
zwei Etappen Tour de Slovaquie 2010;
3. Platz Tour de Rijke 2011;
eine Etappe und Mannschaftszeitfahren Settimana Internazionale di Coppi e Bartali 2012

MATTHIAS BRÄNDLE

GEBOREN: 7. Dezember 1989 in Hohenems, Österreich

BERUFSAUSBILDUNG: Schule der Technik HTL Bregenz

AKTUELLES TEAM: IAM-Cycling

ANFÄNGE IM RADRENNSPORT: Zunächst war das Mountainbike eine Abwechslung zum Fußball, dann stellte sich heraus, dass Matthias Brändle ein Talent für den Radsport besaß. Nach seiner Ausbildung an der Technikschule und einigen Erfolgen beim Pro Cycle Team in Bregenz bekam er bei Elk-Haus einen Profivertrag.

GRÖSSTE ERFOLGE: Staatsmeister Einzelzeitfahren 2004 (Jugend), 2006 (Jugend), 2007 (Junioren), 2009 (U23), 2013 und 2014; Punktewertung Tour de Romandie 2011; Punktewertung Circuit de Lorraine 2011; Grand Prix Stad Zottegem 2012; Tour du Jura 2013; Punktewertung Tour de Romandie 2013; Berner Rundfahrt 2014; zwei Etappen Tour of Britain 2014

→ **Lieblingsgericht: Cheesecake (S. 194)**

CHEESECAKE
mit Erdbeergranité

ZUTATEN
Für den Cheesecake
30 g Butter, 50 g Löffelbiskuits (ersatzweise Zwieback), 50 g fein gemahlene Mandeln, (oder Haselnusskerne), 110 g Zucker, 1 Ei (Größe L), 200 g Frischkäse, 50 g Sahne, 1 Prise Salz, abgeriebene Schale von ½ Bio-Zitrone, 200 g Crème fraîche
Für das Granité
300 g Erdbeeren, 50 g Puderzucker, 50 ml weißer Tequila, Minzeblätter zum Garnieren, Springform (16 cm Durchmesser; ersatzweise eine quadratische Form 20 x 20 cm)

ZUBEREITUNGSZEIT
ca. 1 Std.

1. Für den Cheesecake den Backofen auf 180 °C vorheizen. Springform mit Backpapier auslegen. Butter in einem kleinen Topf zerlassen. Löffelbiskuits mittelfein reiben und mit Mandeln, flüssiger Butter und 30 g Zucker mischen. Die Masse in der Springform verteilen und gut andrücken. Den Bröselboden im Ofen (Mitte) etwa 10 Minuten backen, herausnehmen und auskühlen lassen.

2. Backofen erneut auf 180 °C vorheizen. Das Ei mit dem Rührgerät in 5 Minuten schaumig schlagen. Frischkäse, 50 g Zucker, Sahne, Salz und Zitronenschale zugeben und alles zu einer cremigen Masse verrühren. Die Creme gleichmäßig auf den ausgekühlten Boden streichen. Im Backofen (Mitte) 30 Minuten backen, herausnehmen und etwa 3 Stunden bei Raumtemperatur abkühlen lassen.

3. Inzwischen für das Granité 200 g Erdbeeren putzen, waschen und klein schneiden. In eine hohe Rührschüssel geben, Puderzucker darübersieben und mit Tequila sowie 50 ml Wasser fein pürieren.

4. Die Erdbeer-Tequila-Masse in eine flache Metallform füllen und 2 Stunden ins Tiefkühlfach stellen, bis sie am Rand der Form gefroren ist. Die Form herausnehmen und die gefrorene Schicht mit einer Gabel abkratzen. Das Granité erneut etwa 2 Stunden tiefkühlen, bis es fest ist. Die Masse alle 30 Minuten mit einer Gabel durchrühren, dabei die Eiskristalle vom Rand lösen.

5. Für den Cheesecake den Backofen auf 230 °C vorheizen. Die Crème fraîche mit dem restlichen Zucker verrühren und gleichmäßig auf dem Kuchen verstreichen. Den Cheesecake im Ofen (Mitte) 7–8 Minuten backen, herausnehmen und nochmals 3 Stunden abkühlen lassen.

6. Restliche Erdbeeren putzen, waschen und klein schneiden. Das Granité mit Erdbeeren in Schälchen anrichten und mit Minze garnieren. Cheesecake in Stücke teilen und mit Granité servieren.

> „Ab und zu darf man sich auch mal etwas Opulentes gönnen."

MATTHIAS BRÄNDLE

FAHRERVERZEICHNIS

Greg **van Avermaet** 70–72	Mathias **Frank** 26–28	Thomas **Lövkvist** 129–131
	Johannes **Fröhlinger** 58–60	
Jan **Bárta** 169–171		Tiago **Machado** 46–48
Ivan **Basso** 89–91	Simon **Geschke** 110–112	Rafal **Majka** 119–121
Phil **Bauhaus** 177–179	Robert **Gesink** 156–158	Tony **Martin** 86–88
Sam **Bennett** 159–161	Michal **Golaś** 187–189	
Matthias **Brändle** 193–195	André **Greipel** 122–125	Dominik **Nerz** 99–101
Marcus **Burghardt** 146–149		Przemyslaw **Niemiec** 29–31
	Adam **Hansen** 41–43	
Laurens **ten Dam** 107–109	George **Hincapie** 153–155	Taylor **Phinney** 64–67
John **Degenkolb** 143–145	Reto **Hollenstein** 38–40	Filippo **Pozzato** 79–81
Stefan **Denifl** 104–106	Bartosz **Huzarski** 23–25	
		Manuel **Quinziato** 73–75
Bernhard **Eisel** 137–139	Marcel **Kittel** 82–85	
Martin **Elmiger** 35–37	Leopold **König** 134–136	
Cadel **Evans** 76–78	Alexander **Kristoff** 150–152	

Joaquim **Rodríguez** O.	92–95	Martin **Velits**	55–57
Jürgen **Roelandts**	116–118	Peter **Velits**	52–54
		Giovanni **Visconti**	126–128
Peter **Sagan**	180–183	Jens **Voigt**	162–165
Samuel **Sánchez** G.	20–22		
Andreas **Schillinger**	174–176	Robert **Wagner**	49–51
Daniel **Schorn**	190–192	Fabian **Wegmann**	166–168
Peter **Stetina**	32–34		
Zdeněk **Štybar**	184–186	Riccardo **Zoidl**	140–142
Sylwester **Szmyd**	61–63		
Björn **Thurau**	96–98		
Matteo **Trentin**	113–115		

Impressum

© GRÄFE UND UNZER VERLAG GmbH, München
Genehmigte Sonderausgabe für BORA Holding,
Niederndorf, Österreich;
www.bora.com

Wir danken allen, die uns dabei geholfen haben, Kontakt mit den Radprofis aufzunehmen.

Alle Rechte vorbehalten.

Layout und Gestaltung: Kathrin Schemel, München
Produktion: bookwise medienproduktion GmbH, München
Redaktion und Projektmanagement: bookwise medienproduktion GmbH, München
Druck: Polygraf, Slowakei

Idee und Konzept: derks brand management consultants, München
© 2014 BORA Holding, Niederndorf, Österreich

Das Werk einschließlich aller seiner Teile ist urheberrechtlich geschützt. Nachdruck, auch auszugsweise, sowie Verbreitung durch Film, Funk und Fernsehen und Internet durch fotomechanische Wiedergabe, Tonträger und Datenverarbeitungssysteme jeglicher Art nur mit schriftlicher Genehmigung des Verlags.

ISBN 978-3-8338-4538-3

Bildnachweis

Umschlag: Roth & Roth, Pulheim

Fotografien zum Radsport und Porträtbilder der Radprofis:
Roth & Roth, Pulheim;
Porträt Stefan Denifl (S. 106): IAM Cycling

Silvio Knezevic:
Foodfotografien S. 188, S. 126, S. 156 und Bildcollagen S. 8 – 17

Porträt Willi Bruckbauer (S. 7): BORA

Foodfotografien und Rezepte aus folgenden Titeln:
TEUBNER
Vegetarisch (Foodfotografie: Joerg Lehmann, Berlin: S. 31, S. 47, S. 57, S. 59, S. 63, S. 67, S. 77, S. 81, S. 101, S. 195,)
Das große Buch vom Fisch (Foodfotografie: Westermann Studios GbR (Jan-Peter Westermann, Nikolai Buroh,
Thordis Rüggeberg): S. 109, S. 111
Teigwaren (Foodfotografie: Matthias Hoffmann, Delmenhorst: S. 71, S. 75, S. 125)
Deutsche Küche (Foodfotografie: Westermann Studios GbR, Nikolai Buroh: S. 27, S. 37, S. 39, S. 43, S. 51, S. 105, S. 131, S. 141, S. 151, S. 167, S. 171, S. 179)
Klassiker (Foodfotografie: Westermann und Buroh Studios, Nikolai Buroh: S. 25, S. 53, S. 85, S. 87, S. 91, S. 95, S. 97, S. 115, S. 117, S. 121, S. 139, S. 145, S. 161, S. 165, S. 185, S. 191)
Handbuch Desserts (Foodfotografie: Matthias Hoffmann, S. 183; Nikolai Buroh, Westermann und Buroh Studios, S. 175)
GRÄFE UND UNZER
Fleisch (Autoren: Monika Schuster, Stefan Ziemann; Foodfotografie: Julia Hoersch: S. 135, S. 149, S. 155
Küchenratgeber Suppen (Autorin: Anne-Katrin Weber; Foodfotografie: Wolfgang Schardt, zur Verfügung gestellt von Stockfood: S. 21)
Fastfood at Home (Autorin: Pia Westermann; Foodfotografie: Thorsten Suedfels, Hamburg, S. 33)